Verlag an der Ruhr

new games fallschirmspiele

dale lefevre
todd strong

Impressum

Autoren:	Dale N. LeFevre
	Todd Strong
Übersetzung:	Marie Rahn
Redaktion:	Peter Südhoff
Titelbild:	Judith Tüch
Fotos:	Dale N. LeFevre
	Todd Strong
Satz, Layout:	Uli Möller, Ulrich Wiegmann
Druck:	Fuldaer Verlagsanstalt

© **Juni 1994** beim Verlag an der Ruhr
Postfach 10 22 51, 45422 Mülheim an der Ruhr

Alle Rechte der Vervielfältigung und Verbreitung, einschließlich Film, Funk und Fernsehen, sowie der Fotokopie und des auszugsweisen Nachdrucks liegen beim Verlag an der Ruhr.

ISBN 3-86072-125-9

Inhaltsverzeichnis

Einleitung	4
Kapitel 1: Die Fallschirmspiele	**7**
So fangt Ihr an - Spielfolge zum Kennenlernen	8
Weiterführende Spiele	22
Pilzspiele	23
Popcornspiele	25
Undercover-Spiele	31
Wettspiele	35
Kooperationsspiele	47
VIP-Spiele	63
Kapitel 2: Hinweise und Erläuterungen	**77**
1. Die Auswahl des richtigen Spiels	78
2. Was SpielleiterInnen beachten sollten	86
3. Wie man Spiele so verändert, daß sie zu den Spielern passen	91
4. Spielend lernen	98
Kapitel 3: Kauf, Wartung und Pflege eines Fallschirms	**105**
1. Wo Ihr Euren Fallschirm bekommt	106
2. Größe und Stärke des Fallschirms	106
3. Wie Ihr Euren Fallschirm repariert, reinigt, noch schöner macht	107
4. Wie Ihr mit Eurem Fallschirm (und Euren Fallschirmspielern) vorsichtig umgeht	108
Kapitel 4: Anhang	**109**
1. Literaturhinweise	110
2. Bezugsquellen für Fallschirme	113
3. Alphabetisches Verzeichnis der Spiele	115

Einleitung

Sich fallen zu lassen ist gar nicht so schwer. Fallschirme sind nicht nur gut zum Fliegen, sie eignen sich ideal für Spiele am Boden, als luftiges Vergnügen für den oft ernsten Schulalltag, zur Belebung und Entspannung, ob im Verein, in der Jugendarbeit oder im Kindergarten.

Was wir vorschlagen, ist erprobt und beruht auf den Erfahrungen, die wir als professionelle Freizeitbetreuer und durch unsere Workshops mit der New Games Foundation gesammelt haben. Ihr findet in unserem Buch über 60 neue Spielideen für Kinder und Erwachsene, für Müde und Muntere, für Behinderte und Nichtbehinderte, für drinnen und draußen. Dazu Hinweise und Tips für SpielleiterInnen und kurz gesagt alles, was uns für ein gelungenes Spielvergnügen rund um den Fallschirm nützlich erschien.

Das Herzstück des Buches ist das Kapitel 1, mit den Spielideen und -anleitungen, illustriert durch zahlreiche Fotos und jeweils versehen mit einer Checkliste, die Euch informiert über den Aktivitätsgrad, die Art des Spiels und die Zahl der möglichen Mitspieler. Die ersten zehn Spiele sind als Spielfolge für Gruppen geeignet, die noch nie mit einem Fallschirm gespielt haben. Die folgenden, weiterführenden Spiele, haben wir sechs verschiedenen Aktivitätsarten zugeordnet:

Pilzspiele basieren auf der Idee, eine Art Pilz mit dem Fallschirm zu bilden. Natürlich gibt es hier, wie in der "Haute Cuisine", viele verschiedene Möglichkeiten Pilze zuzubereiten, so daß wir Euch einige Pilzvariationen vorstellen.

Popcornspiele, bei denen leichte Gegenstände (z.B. Softbälle) auf den Fallschirm geworfen und so geschüttelt werden, daß sie entweder hochfliegen oder vom Schirm heruntergeworfen werden.

Undercover-Spiele, die den SpielerInnen die Möglichkeit bieten, für die Dauer einer Spielrunde unter den Fallschirm zu gelangen.

Wettspiele, die von einer spielerischen Konkurrenz zwischen zwei Mannschaften oder zwischen einzelnen und der Gruppe leben. Bei diesen Spielen ist es nicht wichtig, wer verliert oder gewinnt; es gibt keinen Druck zu gewinnen, auch keine Angst zu verlieren, und niemand muß ausscheiden.

Kooperationsspiele, bei denen die Herausforderung darin besteht, daß die gesamte Mannschaft für ein gemeinsames Ziel kämpft.

VIP-Spiele, in denen ein oder mehrere Spieler für eine kurze Zeit im Mittelpunkt stehen, während die Spieler rund um den Fallschirm sie in ihren Rollen unterstützen. Natürlich wird in diesen Spielen häufig abgewechselt, so daß jeder einmal eine VIP-Rolle übernehmen kann.

Hilfen zur Auswahl der passenden Spiele findet Ihr in Kapitel 2, in dem wir die Spiele nach bestimmten Kategorien geordnet haben, wie z.B. dem Aktivitätsgrad der Spiele, dem passenden Alter, der möglichen Anzahl der Mitspieler u.v.m. Dazu gibt es Hinweise für SpielleiterInnen, die den Spielführungsstil betreffen und Tips, wie Ihr die Spiele so verändern könnt, daß sie besser zu Eurer Gruppe passen.
Der Abschnitt "Spielend lernen" ist insbes. für Pädagogen und ErzieherInnen gedacht und informiert über die Möglichkeiten, die die Spiele SchülerInnen bieten, um persönliche, soziale, motorische und körperliche Fähigkeiten zu entwickeln.

Wo Ihr einen Fallschirm kaufen, wie Ihr ihn pflegen und verschönern könnt, erfahrt Ihr in Kapitel 3, ergänzt durch Literaturhinweise sowie Adressen von Bezugsstellen für Fallschirme, die Ihr im Anhang findet.

Das wichtigste an den Spielen ist: Sie sind für alle da! Ihr werdet entdekken, wieviel Spaß es macht, die eigenen Energien konstruktiv auszuleben, ein wenig aus den normalen Rollen zu schlüpfen und sich freier auszudrücken. Wir wünschen Euch dabei viel Vergnügen.

Kapitel Eins:
Fallschirmspiele

So fangt Ihr an - Spielfolge zum Kennenlernen

Spielfolge zum Kennenlernen:

Welle machen, Pilz, Jumbo-Pilz, Iglu, Schaukelstuhl, Herzschlag, Herz-Rasen, Katz' und Maus, Bergsteigen, Traktor-Rennen.

Ihr wollt Spaß haben? Dann bringt doch einen Fallschirm ins Spiel! Fallschirme sind groß, farbenfreudig und voller phantasieanregender Möglichkeiten.

Es ist ganz leicht, die richtige Aufstellung zu finden. Jeder nimmt sich ein Stück vom Fallschirmrand, dann wird der Schirm auseinandergezogen und ein Kreis gebildet.
Bei den meisten Fallschirmspielen sind viele Leute beteiligt. Sie sind rund um den Fallschirm verteilt, und jeder hält ein kleines Stück. Wenn Ihr den Rand ein paarmal einrollt, könnt Ihr den Fallschirm gut halten. Noch besser geht es, wenn Ihr mit Euren Fingern unter die Rolle greift. Eure Hände könnt Ihr dabei in unterschiedlicher Weise positionieren: mit beiden Handflächen nach oben, mit beiden nach unten oder mit der einen nach oben und der anderen nach unten. Probiert einfach aus, wie Ihr am besten zurechtkommt.

Welle machen

Das leichteste Fallschirmspiel wird jeder schon spielen, bevor Ihr es vorschlagt: Welle machen! Breitet einfach den Fallschirm aus, greift Euch ein Stück vom Rand, und fangt an, ihn zu schütteln. Aus den winzig kleinen Wellen werden rasch riesige Wogen.

Spielart:
Eröffnungsspiel
Aktivitätslevel:
aktives Spiel
Anzahl der Spieler:
6-50

Pilz

Es ist nicht sehr schwierig und sieht wunderschön aus, einen riesigen Pilz zu bilden. Aber hier ist Teamwork gefragt. Jeder kniet sich hin und hält den Fallschirm straff am Boden. Dann zählt Ihr gemeinsam laut bis drei. Bei "drei" stehen alle auf und halten den Fallschirm hoch über den Kopf. So bildet sich ein riesiger Pilz. Wenn der Fallschirm langsam zur Erde schwebt, nehmt die Arme herunter, damit er ganz auf den Boden sinken kann.

Hattet Ihr Schwierigkeiten, alle gleichzeitig aufzustehen? Möglicherweise klappt es mit einem Kommando besser: Das Losungswort heißt "Champignon". Die Spannung steigt, wenn Ihr als vorbereitende Maßnahme ähnliche Begriffe, wie z.B. "Broccoli" oder "Spargel", ruft.

Spielart:
Pilzspiel
Aktivitätslevel:
gemäßigtes Spiel
Anzahl der Spieler:
12-24

Jumbo-Pilz

Jumbo-Pilz

Hat es geklappt?
Wenn Ihr nun den Fallschirm anhebt, laßt alle Spieler einen oder zwei Schritte nach vorne gehen, so wird aus dem Champignon ein Riesenpilz.

Spielart:
  Pilzspiel
Aktivitätslevel:
  gemäßigtes Spiel
Anzahl der Spieler:
  6-50

Iglu

Bildet einen Jumbo-Pilz. Dann geht Ihr ein paar Schritte nach vorn, führt den Fallschirm hinter Euch zu Boden und setzt Euch im Innern des Schirms auf den Rand. Jetzt habt Ihr das wärmste Iglu der Welt. Nicht nur, daß es von außen großartig aussieht, im Innern kann man sich auch herrlich Geheimnisse erzählen oder "Stille Post" spielen. Wenn es Zeit wird, das Iglu zu verlassen, dann gilt: "Wer zuletzt rauskommt, ist der Eisbär!"

Spielart:
 Undercover-Spiel
Aktivitätslevel:
 aktives Spiel
Anzahl der Spieler:
 6-50

Schaukelstuhl

Wenn Ihr im Iglu sitzt, könnt Ihr einen riesigen Schaukelstuhl nachmachen. Doch anstatt vor und zurück zu schaukeln, bewegt sich dieser Stuhl eher kreisförmig. Könnt Ihr ihn sowohl im Uhrzeigersinn als auch entgegengesetzt schaukeln lassen?

Spielart:
Undercover-Spiel
Aktivitätslevel:
gemäßigtes Spiel
Anzahl der Spieler:
6-50

Herzschlag

Wenn alle beim Bilden eines Pilzes in regelmäßigem Rhythmus ein oder zwei Schritte nach vorne und, beim Sinken des Fallschirms, wieder zurückgehen, dann könnt Ihr einen schönen, gleichmäßigen Herzschlag nachahmen.

Spielart:
 Pilzspiel
Aktivitätslevel:
 aktives Spiel
Anzahl der Spieler:
 6-50

Herz-Rasen

Wenn der "Herzschlag" einmal in Gang ist, dann könnt Ihr die Spieler unter dem Fallschirm herlaufen lassen, während der Schirm sich in der Luft befindet. Doch Achtung! Es werden alle Spieler gleichzeitig laufen wollen.
Um das totale Chaos zu vermeiden, solltet Ihr zunächst den Ablauf des Spiels erläutern und klarstellen, daß jeder an die Reihe kommen wird. Die Läufer werden nämlich nach bestimmten Kriterien ausgewählt. So könnte ein Kommando lauten: "Alle, die Rot tragen!", und diese Spieler dürfen dann loslaufen, wenn sich der Fallschirm hebt.

Herz-Rasen

Oder Ihr bestimmt die Läufer nach ihrem Geburtsmonat. Ein weiteres Kriterium wäre die Lieblingseissorte (etwa Erdbeer, Schokolade oder Vanille).

Macht die SpielerInnen darauf aufmerksam, daß sie nicht alle durch die Mitte laufen sollen, weil sie sonst leicht zusammenstoßen könnten. Achtet darauf, daß der Fallschirm auf jeden Fall seinen gleichmäßigen Puls beibehält. Wenn sich das Tempo im Spiel erhöht, könnte sonst der Rand des Fallschirms genau in Halshöhe eines schnell rennenden Mitspielers geraten.

Spielart:
  Undercover-Spiel
Aktivitätslevel:
  sehr aktives Spiel
Anzahl der Spieler:
  12-50

Katz' und Maus

Katzen jagen Mäuse, und die verstecken sich in unserem Spiel vorzugsweise unter Fallschirmen.
Zunächst wählt Ihr unter Euren Mitspielern eine Katze und eine Maus aus.
Die Spieler halten den Fallschirm locker in Taillenhöhe.
Eure Katze schließt ihre Augen. Die Maus hingegen begibt sich unter den Fallschirm. Jetzt beginnen die anderen Spieler, mit dem Fallschirm Wellen zu machen. Die Maus huscht in gebückter Haltung unter dem Fallschirm umher, um der Aufmerksamkeit der Katze zu entgehen, die auf allen vieren versucht, die Maus unter den Wellen zu fangen. In der Regel hat die Katze dazu nur begrenzt Zeit, z.B. so lange, bis die anderen Spieler gemeinsam laut bis 20 gezählt haben. Dann suchen Katze und Maus ihre Nachfolger für die nächste Runde aus.

Die Anzahl der Katzen oder Mäuse im Spiel kann variiert werden.

Strategietip:
Die Spieler können den Fallschirm auch taktisch zugunsten der Maus oder der Katze einsetzen. Entweder wird der Fallschirm so hoch gehalten, daß er die Maus verbirgt, oder für einen kurzen Moment so niedrig, daß die Katze die Maus entdecken kann. Bitte setzt diesen Tip fair ein.

Spielart:
Undercover-Spiel
Aktivitätslevel:
sehr aktives Spiel
Anzahl der Spieler:
12-50

Katz' und Maus

Bergsteigen

Ihr bildet einen Jumbo-Pilz. Auf ein Kommando, wie z.B. "Runter", bringen alle Spieler den Fallschirm schnell zu Boden und halten den Rand mit den Knien auf der Erde fest. So wird die Luft unter dem Fallschirm eine Zeitlang eingeschlossen. Nun können die Spieler versuchen, den Gipfel des Stoffberges nur mit Hilfe der Arme zu erklimmen. Achtung: Wenn die begeisterten Bergsteiger den Gipfel erreichen, solltet Ihr sie daran erinnern, auf die Gipfelstürmer von der anderen Seite des Berges zu achten.

Spielart:
  Pilzspiel
Aktivitätslevel:
  sehr aktives Spiel
Anzahl der Spieler:
  6-24

Traktor-Rennen

Wenn Ihr Eure Fallschirmspielrunde beendet habt, sagt Euren Spielern nicht einfach: "Das war's und auf Wiedersehen!" Dann bleibt das Einpacken nämlich an Euch hängen.

Traktor-Rennen macht Spaß und hat den praktischen Nebeneffekt, daß der Fallschirm schnell zu einem schönen, kleinen Bündel aufgerollt wird. Jeder Spieler ist ein Traktor-Rennfahrer. Ziel ist es, als erster Traktorfahrer in der Mitte des Fallschirms anzukommen. Dazu muß der Fallschirm mit beiden Händen aufgerollt werden. Durch die entsprechende Geräuschkulisse feuert Ihr Eure Spieler an: "Fahrer, starten Sie Ihre Maschinen. Und los! Vrrumm!"

Spielart:
Schlußspiel
Aktivitätslevel:
aktives Spiel
Anzahl der Spieler:
6-50

Weiterführende Spiele

Die folgenden, weiterführenden Spiele sind nach sechs verschiedenen Aktivitätsarten geordnet:

Pilzspiele basieren auf der Idee, eine Art Pilz mit dem Fallschirm zu bilden.

Popcornspiele, bei denen leichte Gegenstände (z.B. Softbälle) auf den Fallschirm geworfen und so geschüttelt werden, daß sie entweder hochfliegen oder vom Schirm heruntergeworfen werden.

Undercover-Spiele, die den SpielerInnen die Möglichkeit bieten, für die Dauer einer Spielrunde unter den Fallschirm zu gelangen.

Wettspiele, die von einer spielerischen Konkurrenz zwischen zwei Mannschaften oder zwischen einzelnen und der Gruppe leben. Bei diesen Spielen ist es nicht wichtig, wer verliert oder gewinnt.

Kooperationsspiele, bei denen die Herausforderung darin besteht, daß die gesamte Mannschaft für ein gemeinsames Ziel kämpft.

VIP-Spiele, in denen ein oder mehrere Spieler für eine kurze Zeit im Mittelpunkt stehen, während die Spieler rund um den Fallschirm sie in ihren Rollen unterstützen. Natürlich wird in diesen Spielen häufig abgewechselt, so daß jeder einmal eine VIP-Rolle übernehmen kann.

Fliegender Pilz

Wenn alle SpielerInnen den Fallschirm gleichzeitig loslassen, dann schwebt er geradewegs in Richtung Himmel. Beginnt wie beim Spiel "Pilz". Wenn jeder Spieler den Fallschirm über seinen Kopf hält, ruft der Spielleiter ein vorher vereinbartes Kommando, z.B.: "Jetzt", "Loslassen" oder "Alle Pilze fliegen hoch!", und alle versuchen gleichzeitig, den Fallschirm loszulassen.

Spielart:
  Pilzspiel
Aktivitätslevel:
  gemäßigtes Spiel
Anzahl der Spieler:
  6-50

Riesenwelle

Statt wie beim Fliegenden Pilz, wo alle Spieler den Fallschirm gleichzeitig loslassen, halten hier die Spieler der einen Fallschirmhälfte den Stoff länger oder auch dauerhaft fest. Dadurch wird aus dem Schirm eine riesige Welle, die auf der einen Seite in die Höhe schießt und auf der anderen steil zu Boden stürzt.

> **Spielart:**
> Pilzspiel
> **Aktivitätslevel:**
> gemäßigtes Spiel
> **Anzahl der Spieler:**
> 6-50

Popcorn

Wenn Ihr kleine, leichte Gegenstände, z.B. Softbälle, auf und über dem Fallschirm hüpfen laßt, entsteht eine überdimensionale Popcorn-Maschine.

Spielart:
Popcornspiel

Aktivitätslevel:
aktives Spiel

Anzahl der Spieler:
6-50

Werft die Bälle einfach auf den Fallschirm. Die Spieler werden schon herausbekommen, wie es funktioniert.

Urknall

Zu Beginn halten alle Spieler den Fallschirm am Boden fest. Legt Eure Softbälle in die Mitte des Schirms. Auf das Kommando "Eins, zwei, drei, hoch!" heben die Spieler den Fallschirm hoch über den Kopf. Wenn die Arme gestreckt sind, geben die SpielführerInnen das Kommando, den Fallschirm auf den Boden zu "knallen".

> **Spielart:**
> Popcornspiel
> **Aktivitätslevel:**
> gemäßigtes Spiel
> **Anzahl der Spieler:**
> 6-50

Schlangenbiß

Werft ein paar Seile auf den Fallschirm. Teilt die Gruppe und den Fallschirm in zwei Hälften. Die Grenzlinie verläuft durch die Mitte des Fallschirms. Jede Seite versucht nun, den Fallschirm so kräftig zu schütteln, daß ein Spieler von der anderen Seite von einer "Schlange" (Seil) gebissen wird.

Aber paßt auf, daß Ihr nicht selbst gebissen werdet! Achtung! Springseile eignen sich nur dann, wenn sie keine Griffe haben.

Spielart:
Popcornspiel
Aktivitätslevel:
aktives Spiel
Anzahl der Spieler:
12-50

Fallschirm-Golf

Sofern Euer Fallschirm in der Mitte ein Loch hat, könnt Ihr eine Partie Fallschirm-Golf spielen.
Um den Ball ins Loch zu bringen, müssen die Spieler schon gut zusammenarbeiten. Wir gehen von ca. 47 Versuchen aus.

Spielart:
Popcornspiel
Aktivitätslevel:
aktives Spiel
Anzahl der Spieler:
6-50

Popcornschlacht

Wieder wird der Fallschirm durch eine imaginäre Linie in zwei Hälften eingeteilt. So stehen sich zwei Gruppen gegenüber. In der Fallschirmmitte liegen die Softbälle. Jede Gruppe versucht, den Schirm so heftig zu schütteln, daß die Bälle über die Köpfe der anderen hinweghüpfen.

Ihr könnt das Spiel variieren, indem Ihr ein Punktesystem einführt. Sagen wir z.B., alle gelben Bälle zählen einen Punkt, die roten drei und der einzige blaue fünf Punkte. Dies wird die Spielstrategie ein wenig verändern, aber wen interessiert das Ergebnis schon, wenn das Spiel einmal vorbei ist.

Spielart:
Popcornspiel
Aktivitätslevel:
aktives Spiel
Anzahl der Spieler:
6-50

Hase und Hund

Werft zwei Bälle unterschiedlicher Größe oder Farbe auf den Fallschirm. Ein Basketball und ein Volleyball z.B. eignen sich gut. Der eine Ball ist der Hund, der andere der Hase. Zuvor bildet Ihr zwei Gruppen. Die eine versucht, dem Hund bei der Hasenjagd zu helfen. Die andere bemüht sich, den Hasen bei seiner Flucht zu unterstützen.
Die Mannschaften können auf unterschiedliche Art und Weise gebildet werden.
Ihr könnt die Spieler und den Schirm herkömmlich in zwei Hälften teilen oder aber die Spieler, die ja bereits rund um den Fallschirm verteilt sind, abzählen. So gehören alle Spieler mit einer "1" zur einen und alle Spieler mit einer "2" zur anderen Mannschaft. Eine weitere interessante Variante wäre es, den Fallschirm in Viertel einzuteilen, wobei jeweils die zwei gegenüberliegenden Viertel ein Team darstellen. Natürlich ändert sich je nach Art der Teambildung auch die Strategie.

Spielart:
Popcornspiel
Aktivitätslevel:
aktives Spiel
Anzahl der Spieler:
6-50

Vogel Strauß

Die Spieler formen einen Jumbo-Pilz. Während der Fallschirm zu Boden sinkt, legt Ihr Euch auf den Bauch oder kniet Euch hin. In jedem Fall steckt Euren Kopf in bester Vogel-Strauß-Manier unter den Fallschirm, und zieht das Tuch um Eure Schultern. Im Innern des Fallschirms seht Ihr einen Haufen körperloser Köpfe, solange bis der Fallschirm Euch schließlich vollkommen begraben hat. Keine Frage: Ein hoher Unterhaltungswert ist für die Spieler unter dem Schirm wie für die Zuschauer draußen gleichermaßen garantiert.

Spielart:
 Undercover-Spiel
Aktivitätslevel:
 gemäßigtes Spiel
Anzahl der Spieler:
 6-50

Wer hat da geguckt?

Beim "Vogel Strauß" bleibt Euch eine kleine Zeitspanne, um eines unserer Lieblingsspiele zu spielen.

Alle schließen ihre Augen und versuchen, sie zu öffnen, ohne daß es jemand merkt. Gleichzeitig müßt Ihr aber auch herausfinden, ob ein anderer einen Blick wirft. Die besten SpielerInnen sind diejenigen, welche andere beim Linsen erwischen, ohne selbst erwischt zu werden. Hey, ich hab's genau gesehen! Du hast gerade geguckt!

> *Spielart:*
> Undercover-Spiel
> *Aktivitätslevel:*
> gemäßigtes Spiel
> *Anzahl der Spieler:*
> 6-50

Fallschirm aufpusten

Bei einer weiteren Variante des "Vogel Strauß" versucht Ihr, den Fallschirm am Zusammenfallen zu hindern. Mit vereinten Kräften gilt es, nur mit Hilfe der Lunge, den Fallschirm so lange wie möglich in der Luft zu halten. Verliert nicht gleich den Mut, weil der Schirm so oder so zu Boden sinkt.

Spielart:
  Undercover-Spiel
Aktivitätslevel:
  gemäßigtes Spiel
Anzahl der Spieler:
  6-50

Tausendfüßler

Habt Ihr schon einmal einen Wandertag mitgemacht?
So gibt es garantiert keine Nachzügler: Alle SpielerInnen heben den Fallschirm über ihren Kopf, gehen darunter und lassen ihn sinken.
Wenn Sie alle vom Fallschirm bedeckt - aber nicht behindert - werden, kann es eigentlich losgehen. Da der nun entstandene dicke Tausendfüßler bislang noch reichlich orientierungslos ist, solltet Ihr jemanden zum Kopf des Tausendfüßlers machen, der alle Aktivitäten steuert und dafür sorgt, daß es nicht zu Zusammenstößen kommt.
Teilt Eure Gruppe am besten in zwei Hälften. Dann spielen sie abwechselnd "Tausendfüßler": Während die eine Gruppe unter dem Fallschirm verschwindet, hat die andere ihren Spaß beim Zuschauen.

Spielart:	Undercover-Spiel
Aktivitätslevel:	aktives Spiel
Anzahl der Spieler:	6-50

Tauziehen im Kreis

Dieses Spiel ähnelt "Balance", jedoch ist das Ziel entgegengesetzt: Denn anstatt sich vorsichtig darum zu bemühen, alle im Gleichgewicht zu halten, geht es jetzt darum, daß die eine Gruppe versucht, die jeweils andere Gruppe auf ihre Seite zu ziehen. Jeder Spieler rollt dabei mehrere Male den Fallschirmrand ein.
Legt einen Ball, ein Frisbee oder eine andere Markierung unter den Fallschirm. Dann mal los!
Noch aufregender wird es übrigens, wenn die Spieler mit dem Rücken zum Fallschirm ziehen.

Spielart:
  Wettspiel
Aktivitätslevel:
  sehr aktives Spiel
Anzahl der Spieler:
  6-24

Fallschirm-Schieben

In diesem Spiel stehen die SpielerInnen ruhig am Rande des Tuches und versuchen im Uhrzeigersinn, ihren jeweiligen Nachbarn ein Stück Fallschirm zuzuschieben.
Ziel des Spiels ist es, den Fallschirm schneller weiterzugeben als man ihn von der anderen Seite bekommt. Der Fallschirm wird von Hand zu Hand weitergeschoben, ohne daß sich die Hände überkreuzen. Eine Hand sollte immer am Fallschirm sein! Ihr spielt gut, wenn sich bei Eurem Nachbarn der Schirm staut. Versucht es auch in die andere Richtung.

Spielart:
Wettspiel
Aktivitätslevel:
gemäßigtes Spiel
Anzahl der Spieler:
6-24

Fallschirm-Volleyball

Ihr benötigt zwei Fallschirme (vier Meter Durchmesser oder kleiner) und einen Ball (je größer, desto besser). Bildet zwei Teams mit jeweils einem Fallschirm. Jetzt müßt Ihr allerdings schon gut zusammenarbeiten, damit der Ball nicht nur rauf und runter, sondern vor allem zum anderen Fallschirm rüberfliegt.

Spielart:
Wettspiel
Aktivitätslevel:
aktives Spiel
Anzahl der Spieler:
12-50

Raus aus der Pfanne, rein in die Pfanne!

Dieses Spiel ist eine Variante von "Popcorn": Neben den Bällen befinden sich auch drei oder vier SpielerInnen auf dem Fallschirm.
Diese versuchen, die auf dem Fallschirm hüpfenden Bälle herunterzuwerfen. Die um den Fallschirm verteilten Popcornröster hingegen werfen das "Popcorn" zurück in die Pfanne. Vielleicht ruft Ihr nach ca. einer Minute "Auszeit" und schaut dann nach, wieviel Popcorn noch in der Pfanne brutzelt.

Spielart:
Wettspiel
Aktivitätslevel:
sehr aktives Spiel
Anzahl der Spieler:
12-24

Herausforderung

Die Spieler zweier Teams stehen abwechselnd (1, 2, 1, 2...) um den Fallschirm herum verteilt. Alle erzeugen gemeinsam gleichmäßiges Herzklopfen (s. S.15, "Herzschlag"). Nun fordern sich die Teams nacheinander dazu heraus, innerhalb einer festgelegten Anzahl von Herzschlägen eine bestimmte Aufgabe zu erfüllen. Diese Aufgabe kann unter dem Fallschirm, aber auch abseits davon ausgeführt werden.

Zum Beispiel könnte die Forderung lauten, daß jeder Spieler einer Gruppe während nur eines Herzschlags seine Schuhe berühren muß. Das ist ganz einfach! Eine andere könnte heißen: "Jeder Spieler muß im Laufe von zwei Herzschlägen eine Tür berühren und wieder zum Fallschirm zurückkommen."

Oder das Ziel könnte sein, daß das ganze Team eine Schlange bildet, die lang genug ist, daß ihr Kopf einen Baum berührt, während das Ende den Fallschirm hält - und das in drei Herzschlägen. Eine Herausforderung muß nicht das gesamte Team miteinbeziehen. Es kann auch ein Stellvertreter aufgefordert werden, z.B. in zwei Herzschlägen zehn Liegestütze zu machen.

Achtet darauf, daß die Aufgabe nicht zu schwierig wird. Die andere Gruppe hat jederzeit das Recht, den Spieß umzudrehen. Dann müssen die Herausforderer beweisen, daß die Aufgabe auch zu schaffen ist.

Spielart:
  Wettspiel
Aktivitätslevel:
  sehr aktives Spiel
Anzahl der Spieler:
  12-50

Herausforderung

Raketenstart

Der Countdown läuft! 10, 9, 8, 7 ... Take-off! Vier oder fünf SpielerInnen, jede/r mit einem Ball, begeben sich unter den Fallschirm. Während des Countdown formen die Spieler außerhalb des Fallschirms einen "Pilz", die unter dem Schirm versuchen, ihre "Raketen" (Bälle) durch das Loch in der Mitte des Schirms zu werfen. Wie viele Raketen können sie während der Bildung eines Pilzes starten? Wenn Ihr das Ganze noch schwieriger machen wollt, bittet die Spieler, ihre Raketen durch das Loch zu befördern, indem sie die Bälle auf den Boden aufprallen lassen.

Spielart:
Wettspiel

Aktivitätslevel:
aktives Spiel

Anzahl der Spieler:
6-24

Fallschirm-Basketball

Selbst ein Profi-Basketballer hätte in diesem Spiel Schwierigkeiten, einen Korb zu machen.
Vier oder fünf SpielerInnen, jede/r mit einem Ball, stehen abseits vom Fallschirm, während die anderen Spieler den Fallschirm zu einem "Pilz" anheben. Sobald der Fallschirm oben ist, versuchen die Basketballer Körbe zu erzielen, indem sie ihren Ball durch das Loch in der Mitte werfen. Wieviele Körbe werden wohl "in einem Pilz" erzielt? Oder wie viele Pilze müssen gebildet werden, bevor ein Ball in den Korb geht? Natürlich werden die Basketballer auch ausgewechselt, damit jeder mal drankommt.

Spielart:
Wettspiel
Aktivitätslevel:
aktives Spiel
Anzahl der Spieler:
6-24

Großreinemachen

Bildet eine kleine Gruppe von drei oder vier Spielern, die sich ein wenig abseits des Fallschirms verteilen.
Sie sind die Putzkolonne. Dieses Team hat dafür zu sorgen, daß alle Bälle immer da sind, wo sie hingehören - auf dem Fallschirm. Währenddessen versucht das "Chaotenteam", alle Bälle vom Fallschirm herunter zu schütteln. Wenn Ihr wollt, könnt Ihr nach 30 Sekunden eine Pause machen und nachschauen, wie gründlich Eure Putzkolonne gearbeitet hat.

Spielart:
Wettspiel
Aktivitätslevel:
sehr aktives Spiel
Anzahl der Spieler:
12-50

Pony-Expreß

Die SpielerInnen bilden Paare. Einer der beiden Spieler, der Reiter, sitzt oder hockt unter dem Fallschirm, der andere, das Pony, bleibt draußen. Die Ponys halten den Fallschirmrand mit dem Gesicht zum Schirm und heben ihn dabei hoch. Das ist das Zeichen für die Reiter: Jetzt kriechen sie durch die Beine der Ponys und rennen um den Fallschirm herum.

Währenddessen bilden die Ponys mit dem Fallschirm einen "Pilz". Dann knien sie sich hin und führen den Fallschirm wie bei dem Spiel "Bergsteigen" zu Boden. Dieses Mal halten sie den Fallschirm jedoch mit den Händen am Boden fest. Wenn die Reiter den Fallschirm umrundet haben, setzen sie sich auf auf ihre Ponys. Denn die sind schon startklar für die Überquerung des mörderischen Fallschirmberges.

Spielart:
Wettspiel
Aktivitätslevel:
sehr aktives Spiel
Anzahl der Spieler:
12-50

Pony-Expreß

Entwischen

Unser Spiel erinnert ein wenig an "Völkerball". Weil der Abstand zwischen den Spielern hier viel geringer ist, benutzen wir Softbälle. Einige SpielerInnen begeben sich unter den Fallschirm; die anderen halten den Schirm in Taillenhöhe.

Nun müssen die Außenspieler versuchen, mit der einen Hand zu werfen, während sie mit der anderen Hand den Fallschirm halten; derweil müssen sich die Innenspieler mit der eingeschränkten Bewegungsfreiheit unter dem Fallschirm herumschlagen und gleichzeitig versuchen, möglichen Treffern auszuweichen.

Spielart:
Wettspiel

Aktivitätslevel:
sehr aktives Spiel

Anzahl der Spieler:
6-50

Umstülpen

Dieses Spiel ist eine Herausforderung für die gesamte Mannschaft. Könnt Ihr den Fallschirm umstülpen, ohne daß auch nur ein Spieler den Rand losläßt? Dazu ist wirklich viel Teamarbeit und Koordination erforderlich. Ach ja, ein wenig Vertrauen und vorsichtige Beinarbeit sind auch ganz nützlich.

Spielart:
Kooperationsspiel
Aktivitätslevel:
gemäßigtes Spiel
Anzahl der Spieler:
6-24

Drunter und drüber

Wenn die Gruppe einen "Pilz" bildet und eine Seite den Fallschirm losläßt, dann wird das Umstülpen um einiges einfacher.

Spielart:
Kooperationsspiel
Aktivitätslevel:
gemäßigtes Spiel
Anzahl der Spieler:
6-24

Drunter und drüber

Geisterfahrer

Es war einmal ein wagemutiger Motorradfahrer. Der wollte mit seiner Maschine immer schneller fahren und immer größere Hindernisse überspringen. Eines Tages sprang er mit seinem Motorrad so hoch, daß er in eine Wolke geriet. Die Feuchtigkeit ließ den Motor aussetzen, und er stürzte auf die Erde.
Manchmal gelingt es, die Seele dieses Geisterfahrers zu beschwören. Die Spieler halten dabei mit beiden Händen den Fallschirmrand fest. Dann hebt einer der Spieler seine Arme schnell in die Höhe und nimmt sie genauso schnell wieder herunter. Unmittelbar darauf nimmt sein Nebenmann schnell die Arme hoch und wieder herunter. Daran schließt sich dessen Nachbar an und so fort. So wandert eine riesige Welle rings um den Fallschirmrand. Ähnliches kennen wir aus den Sportstadien (la ola).
Bei guter Koordination erzeugt Ihr einen Luftstrom, der unter dem Fallschirm im Kreis herumwandert und so den Geisterfahrer zum Leben erweckt.
Wie schnell könnt Ihr den Geisterfahrer brausen lassen?

Spielart:
Kooperationsspiel
Aktivitätslevel:
aktives Spiel
Anzahl der Spieler:
6-50

Balance

Achtet darauf, daß bei diesem Spiel jeder den Fallschirm "gut im Griff hat". Erinnert Euch nochmal daran, daß man dazu den Fallschirmrand ein paarmal einrollt. Dann lehnen sich alle Spieler gleichzeitig langsam zurück.

Dabei spannt sich der Fallschirm mehr und mehr, doch ein guter Schirm aus widerstandsfähigem Material hält dieser Zerreißprobe ohne weiteres stand. Wenn alle gut zusammenarbeiten, solltet Ihr in der Lage sein, Euch ziemlich weit zurückzulehnen, ohne das Gleichgewicht zu verlieren. Wenn nicht, dann werdet Ihr wohl zwangsläufig herausfinden, an welcher Seite des Schirms mehr Gewicht hängt.

Spielart:
  Kooperationsspiel
Aktivitätslevel:
  gemäßigtes Spiel
Anzahl der Spieler:
  6-50

Wellenreiten

Legt einen großen Ball auf den Fallschirm, und stoßt ihn leicht an. Nun müssen die Spieler immer dann den Fallschirm anheben, wenn der Ball gerade vorbeigerollt ist. Dabei braucht Ihr ein gutes Timing, denn wenn Ihr Euren Abschnitt zu früh hochhebt, verliert der Ball an Geschwindigkeit und bleibt unter Umständen sogar liegen. Wenn Ihr Euren Abschnitt andererseits aber zu spät hebt, rollt der Ball gegen einen der Spieler oder sogar vom Fallschirm herunter.
Je größer der Ball, desto leichter und eindrucksvoller ist das Spiel. Mit einem Ball in Gestalt einer Erdkugel sieht es besonders schön aus.

Spielart:
Kooperationsspiel
Aktivitätslevel:
aktives Spiel
Anzahl der Spieler:
6-50

Karussell

Legt ein Frisbee oder etwas ähnliches zur Markierung auf Euren Spielplatz. Nun laufen die Spieler in einem großen Kreis um die Markierung und halten dabei mit einer Hand den Rand des ausgebreiteten Fallschirms fest.

Spielart:
Kooperationsspiel

Aktivitätslevel:
aktiv (gehen)
sehr aktiv (rennen)

Anzahl der Spieler:
12-50

Alles klar? Laßt nun die Spieler eine Runde rennen oder gehen und dann mal eine Runde mit beiden Beinen hüpfen. Wie wär's mit Hüpfen auf nur einem Bein? Oder abwechselnd fünfmal rechts, fünfmal links. Können auch alle Spieler im gleichen Takt springen, während Sie den Fallschirm halten? Und wie steht's mit einem kleinen Hopserlauf?

53

Karussellrekord

Wenn Ihr eine Stoppuhr habt, dann könnt Ihr Eure Spieler beim Karussellspiel stoppen. Wie lange braucht Ihr, um eine ganze Runde im Uhrzeigersinn zu absolvieren, anzuhalten und dann gegen den Uhrzeigersinn wieder in Eure Startposition zurückzugelangen? Könnt Ihr diese Zeit noch unterbieten?

Spielart:
  Kooperationsspiel
Aktivitätslevel:
  sehr aktives Spiel
Anzahl der Spieler:
  12-50

Flutwelle

Haltet den Fallschirm ruhig, und laßt die Spieler eines kleinen Teilabschnitts des Fallschirms eine Welle zur gegenüberliegenden Seite schicken. Wenn sie dort angekommen ist, senden die Empfänger der Welle eine noch größere zur anderen Seite. Wie groß können Eure Flutwellen werden?
Was geschieht, wenn zwei Flutwellen in der Mitte aufeinandertreffen?

Spielart:
  Kooperationsspiel
Aktivitätslevel:
  gemäßigtes Spiel
Anzahl der Spieler:
  12-50

Sit-ups im Kreis

Alle SpielerInnen sitzen um den Rand des Fallschirms. Ihre Beine sind unter dem gespannten Tuch ausgestreckt. Die Spieler der einen Seite lehnen sich langsam zurück und die Spieler der gegenüberliegenden Seite entsprechend nach vorn. So entsteht eine Schaukelbewegung. Ihr könnt den Kreis auch vierteln und versuchen, so abwechselnd eine kleinere Sit-up-Schaukel zu Wege zu bringen.

Spielart:
  Kooperationsspiel
Aktivitätslevel:
  sehr aktives Spiel
Anzahl der Spieler:
  6-50

Qualles Ausflug

Wenn Ihr mit einem bunten Fallschirm durch einen Wald oder Park joggt, sieht das ganze aus wie eine Riesenqualle auf Wanderschaft. Stephen King läßt grüßen.

Spielart:
  Kooperationsspiel
Aktivitätslevel:
  sehr aktives Spiel
Anzahl der Spieler:
  6-50

Einhüllen

Jeder Spieler liegt auf einem Teil des locker ausgebreiteten Fallschirms. Jedem sollte soviel Stoff zur Verfügung stehen, daß er oder sie sich ganz darin einwickeln kann. Danach wird das Spiel variiert: Die SpielerInnen wickeln jeweils das vom Spielleiter ausgerufene Körperteil ein.

> **Spielart:**
> Kooperationsspiel
> **Aktivitätslevel:**
> gemäßigtes Spiel
> **Anzahl der Spieler:**
> 6-24

Schatzjagd

Werft alles, was Ihr finden könnt, unter den Fallschirm: Bälle, Springseile, Frisbeescheiben etc. Alles ist erlaubt. Die Spieler rings um den Fallschirm erzeugen gleichmäßige Herzschläge. Wenn der Fallschirm nach oben schwingt, ruft Ihr laut, wer unter den Fallschirm gehen und nach welchem Schatz gesucht werden soll. Bei Bedarf könnt Ihr auch Punkte für alle Fundstücke verteilen. Wer für die Schatzsuche so lange braucht, daß er vom sinkenden Fallschirm berührt wird, muß den Schatz wieder für den nächsten Durchgang "vergraben".

Spielart:
  Kooperationsspiel
Aktivitätslevel:
  aktives Spiel
Anzahl der Spieler:
  6-50

Drachenflug

Die Spieler versammeln sich auf der einen Seite des Fallschirms und nehmen sich ein Stück vom Rand. Auf ein Zeichen hin rennen alle in dieselbe Richtung. Es wirkt, als versuche man einen riesigen, angeschlagenen Drachen steigen zu lassen.

Spielart:
Kooperationsspiel
Aktivitätslevel:
sehr aktives Spiel
Anzahl der Spieler:
6-24

Umgehungsstraße

Wie beim "Karussell" halten die Spieler den Fallschirm mit einer Hand fest und gehen im Kreis. Dann ruft der Spielleiter verschiedene Kommandos. So werden zum Beispiel alle Linkshänder aufgefordert, die beiden Fahrer vor ihnen zu überholen. Daraufhin lassen nur die Linkshänder den Fallschirm los und versuchen, zwei Spieler weiter vorn einzufädeln.

Spielart:
Kooperationsspiel
Aktivitätslevel:
sehr aktives Spiel
Anzahl der Spieler:
12-50

Zahnradgetriebe

Die Spieler verteilen sich gleichmäßig um zwei Fallschirme, die sich fast berühren. Beide Gruppen gehen wie beim "Karussell" im Kreis. Immer wenn ein Spieler an die Stelle gelangt, wo die Fallschirme zusammentreffen, verläßt er seinen Kreis und schließt sich dem anderen an. Das führt dazu, daß jeder Spieler eine riesige Acht läuft. Dazu sind gutes Timing und viel Koordination zwischen den beiden Gruppen nötig, doch wenn man es einmal raus hat, dann klappt es wie am Schnürchen.

Spielart:
  Kooperationsspiel
Aktivitätslevel:
  gemäßigtes Spiel
Anzahl der Spieler:
  12-50

Hai

Auf in die Karibik! Die Spieler halten den Fallschirm etwa in Taillenhöhe und ziehen ihn straff. Unser Hai fährt mit dem Rand einer Frisbeescheibe unter dem Stoff des Fallschirms entlang, so daß es aussieht, als rage eine Haifischflosse aus dem Wasser. Die anderen SpielerInnen erzeugen mit dem Fallschirm kleine Wellen, um das Meer nachzuahmen, und summen die Filmmelodie von "Der weiße Hai": Dum-dum, dum-dum, dum-dum.

Doch aufgepaßt! Der Hai könnte Appetit bekommen. Dann schnappt er sich ein Bein, dessen Besitzer kreischt auf und stürzt sich mit der Flosse als neuer Haifisch in die Wogen.

Warnung! Wenn genügend Frisbees im Spiel sind, könnte das Spiel in einer Freßorgie mit immer mehr Haien im Wasser enden!

Spielart:
  VIP-Spiel
Aktivitätslevel:
  aktives Spiel
Anzahl der Spieler:
  12-50

Alligator

Dieses Spiel ist eine Variante des "Hai-Spiels". Die Spieler sitzen mit den Beinen unter dem Fallschirm. Ein Spieler wird Alligator. Er oder sie kriecht unter den Fallschirm, um in den Sumpf zu gelangen. Wie könnte ein hungriger Alligator all diesen köstlichen Beinen widerstehen, die da am Rand des Sumpfes treiben? Wer gebissen wird, löst den alten Alligator ab. Wenn ein Spieler nicht gebissen werden will, z.B. weil er schon einmal Alligator war oder weil er lieber anderen die Chance überlassen will, setzt er sich einfach in den Schneidersitz. Das Spiel ist beendet, wenn der Sumpf voller Alligatoren und kein Spieler mehr zum Fressen übrig ist.

Achtung!
Anstatt nichtsahnende Spieler nur zu beißen, können Alligatoren sich sogar das Bein eines Spielers schnappen und ihn in den Sumpf zerren.

Spielart:
VIP-Spiel
Aktivitätslevel:
aktives Spiel
Anzahl der Spieler:
12-50

Räuber und Gendarm

"Haltet den Dieb!" Und die Jagd beginnt. Der Räuber springt mit einem Satz in sein Versteck.
Die anderen Spieler, seine Gang rund um den Fallschirm, versucht, den Räuber hinein- und hinauszulassen, aber ansonsten die Reihe geschlossen zu halten, um den Gendarm bei seiner Verfolgungsjagd zu behindern.
Die Runde ist beendet, wenn der Räuber oder die Räuberin gefangen wird. Dann wird ein neues Paar für die Verfolgungsjagd ausgesucht.

Spielart:
  VIP-Spiel
Aktivitätslevel:
  aktives Spiel
Anzahl der Spieler:
  12-24

Maulwurf

Breitet den Fallschirm auf der Erde aus. Alle Spieler sitzen um den Rand des Tuches, außer ein oder zwei Gärtnern, die abseits vom Schirm stehen. Jeder Gärtner hat einen Softball. Sie fordern die Spieler eines Fallschirmabschnittes auf, unter dem Fallschirm hindurch zur anderen Seite zu kriechen. Während die Maulwürfe sich unter der Erde durchgraben, versuchen die Gärtner, sie mit dem Ball zu treffen. Wird ein Maulwurf getroffen, tauscht er seinen Platz mit dem Gärtner. Die neuen Gärtner fordern dann eine andere Gruppe Maulwürfe auf, einen Tunnel zu graben.

Spielart:
VIP-Spiel
Aktivitätslevel:
sehr aktives Spiel
Anzahl der Spieler:
12-50

Zeltbauen

Die Mitspieler stehen um den Fallschirm und halten ihn fest, die Arme werden nach oben gezogen und ein Ballon gebildet (zwei Schritte in den Kreis hineintreten). Alle Mitspieler gehen jetzt in die Hocke und ziehen den Fallschirm über sich. Wenn das gut klappt, kann das Ganze bis zum Sitz auf dem Rand des Fallschirmes weitergeführt werden. In dem so gebauten Zelt kann man sich kleine Geschichten erzählen oder Lieder singen.

Material: Fallschirm

Ballrollen

Auf dem gespannten Fallschirm befindet sich ein großer Erdball. Durch das Anheben des Fallschirms durch die Mitspieler nacheinander rollt der Erdball kreisförmig auf dem Fallschirm (Richtungsänderungen einbauen).

Material: Fallschirm, Erdball

Ballfangen

In gleicher Weise wie beim Ballrollen werden jetzt zwei Bälle (Erdball und kleinerer Ball) auf dem Fallschirm bewegt. Der kleine Ball soll den Erdball "überholen".

Material: Fallschirm, Erdball, Ball

Ballschleudern

Auf dem straff gespannten und von allen Mitspielern gehaltenen Fallschirm befindet sich ein Erdball. Durch ein kräftiges und gleichzeitiges Anheben des Fallschirms wird der Erdball möglichst hoch geschleudert und wieder weich aufgefangen (etwas nachgeben, wenn der Ball wieder den Fallschirm berührt).

Ballschleudern kann auch mit mehreren Bällen gleichzeitig ausgeführt werden. Dabei können die Aufgaben gestellt werden: Bälle immer wieder fangen oder solange schleudern, bis alle Bälle vom Fallschirm geschleudert wurden.

Material: Fallschirm, Erdball, mehrere Bälle

Geburtstagskinder

Der Fallschirm wird von den Mitspielern nach oben bewegt (Arme in Hochhalte), alle schließen jetzt die Augen. Der Spielleiter nennt einen Monatsnamen und diejenigen, die in dem Monat Geburtstag haben, laufen schnell zur Mitte des Fallschirms. Nach dem Ruf:"ab", gehen alle in die Hocke und öffnen danach die Augen. Wer errät als Erster, wer unter dem Fallschirm ist?

Material: Fallschirm

Fallschirmballspiel

Die Mitspieler werden in zwei Gruppen geteilt, die jeweils die Hälften des Fallschirmes halten. Auf dem Fallschirm befindet sich ein Ball. Aufgabe der Mannschaften ist es, den Ball über die Köpfe der gegnerischen Mannschaft durch Bewegen des Fallschirms zu bringen.

Material: Fallschirm, 1 Ball

Platzwechsel

Der Fallschirm wird von den Mitspielern nach oben bewegt. Im höchsten Punkt ruft der Spielleiter zwei Namen oder eine Farbe (bei verschiedenfarbigem Fallschirm). Die genannten Spieler (bzw. die Spieler, die den Fallschirm an genannter Farbe festhalten) wechseln schnell den Platz, dann wird der Fallschirm wieder nach unten bewegt.

Material: Fallschirm

Großer Wechsel

Der Fallschirm wird von den Mitspielern nach oben bewegt (Arme in Hochhalte) und leicht abgeworfen. Jeder tauscht jetzt mit seinem ihm gegenüberstehenden Mitspieler den Platz und faßt wieder den Fallschirm. Schnelligkeit ist gefragt.

Material: Fallschirm

9. Fallschirmspiele

Wichtigstes Spielmaterial dafür ist der **Spielfallschirm** (auch als Schwungtuch bezeichnet). Ihn gibt es in Sportgeschäften oder man kann ihn bei Sportartikelanbietern bestellen.

Wellen und Ballons

Die Mitspieler stehen um den Fallschirm und halten ihn fest.
Durch leichtes Bewegen entstehen Wellen, die Mitspieler können auch nacheinander die Arme und Hände leicht anheben, so daß die Welle wandert.
Alle heben die Arme und Hände soweit als möglich hoch und treten zwei Schritte in den Kreis, nach kurzer Zeit wieder zurück. Wenn das gut beherrscht wird, bis zur Kreismitte laufen und dort die Arme nach unten führen (das ist schon der Ballon).

Material: Fallschirm

Fallschirmkreiseln

Die Mitspieler stehen um den Fallschirm und halten ihn fest (Arme sind in Tiefhalte). Der Fallschirm muß straff gespannt sein. Jetzt den Fallschirm leicht anheben und schnell auf den Platz des Nachbarn treten und wieder zufassen (vorher klären, in welche Richtung gelaufen wird). Zu Beginn zwischen den Wechseln Pausen einlegen, später kann fortlaufend gewechselt werden.
Die Mitspieler bleiben jetzt auf ihren Plätzen stehen und drehen nur den Fallschirm so, daß der Nachbar auf gleicher Höhe wie sein Vorgänger zufassen kann (später mit leichtem Anheben des Fallschirms verbinden).

Material: Fallschirm

Die Katze fängt die Maus

Die Maus befindet sich unter dem Fallschirm (der Fallschirm wird durch die anderen Mitspieler etwa in Kniehöhe gehalten). Die Katze befindet sich auf dem Fallschirm und muß versuchen, die Maus zu fangen. Die Mitspieler, die den Fallschirm halten, versuchen durch Wellenbewegungen des Fallschirms der Maus zu helfen, möglichst lange unentdeckt zu bleiben.

Material: Fallschirm

Skulptur

Drei bis sechs SpielerInnen begeben sich unter den Fallschirm. Die anderen heben den Schirm hoch. Die Spieler unter dem Tuch stellen sich zu einer lebenden Skulptur auf, während der Fallschirm um sie herum zu Boden sinkt. Einige stehen aufrecht, andere knien oder legen sich hin. Zusammen verkörpern sie ein riesiges modernes Kunstwerk. Schließlich ist es Zeit, das Kunstwerk zu enthüllen. Wenn Ihr wollt, könnt Ihr vor der Enthüllung ein Ratespiel veranstalten und versuchen herauszufinden, wer welchen Teil des Kunstwerks darstellt, oder das Objekt mit den restlichen Spielern nachstellen.

Spielart:
VIP-Spiel

Aktivitätslevel:
gemäßigtes Spiel

Anzahl der Spieler:
6-50

67

Geisterstadt

Dieses Spiel ähnelt "Skulptur". Diesmal aber geht die Mehrheit der Spieler unter den Fallschirm und nimmt verschiedene Posen ein. Wenn der Fallschirm auf die Geister gesunken ist, dann versuchen die Lebenden zu erraten, welcher Spieler sich hinter welchem Phantom verbirgt. Wenn ein Geist entlarvt ist, kehrt er ins Leben zurück und gesellt sich zu den Ratenden.

Spielart:
VIP-Spiel
Aktivitätslevel:
gemäßigtes Spiel
Anzahl der Spieler:
6-24

Wackelpudding

Fast alle Spieler begeben sich unter den Fallschirm, sozusagen als Zutaten in den Topf. Die anderen, die Köche, wollen einen original Menschen-Wackelpeter zubereiten.
Sie bitten die Zutaten, diverse Körperteile zu heben oder zu bewegen, um unter dem Fallschirm bestimmte Formen zu schaffen. Ein Koch ruft z.B. "Macht drei Hampelmänner!" oder "Legt Euch auf den Rücken, und hebt Euer linkes Bein gestreckt nach oben!" Wenn ein Koch oder eine Köchin vom Pudding kosten will, heißt das, daß er seinen Platz mit einem der Spieler unter dem Fallschirm tauschen muß.

Spielart:
  VIP-Spiel
Aktivitätslevel:
  aktives Spiel
Anzahl der Spieler:
  6-24

Abheben

Zuerst wird der Schirm flach auf dem Boden ausgebreitet. Dann legt sich ein Freiwilliger in die Mitte. Die übrigen Spieler halten den Rand fest, doch sollten sie ihn einige Male aufrollen, um zu verhindern, daß er reißt. Je größer der Schirm und je schwerer der Freiwillige ist, desto öfter sollten sie ihn einrollen.
Auf ein Zeichen heben alle den Fallschirm langsam und vorsichtig an. Süße Träume! - zumindest für eine Minute. Für den Träumer wird es noch angenehmer, wenn die anderen Spieler mit dem Tuch im Kreis gehen. Denken Sie daran, ihn langsam herunterzulassen, damit es kein böses Erwachen gibt.

Spielart:
VIP-Spiel
Aktivitätslevel:
aktives Spiel
Anzahl der Spieler:
12-50

Abwickeln

Bei diesem Spiel setzen sich drei SpielerInnen mit dem Rücken zueinander auf die Mitte des Fallschirms. Wenn sie wollen, können sie sich jeweils bei den anderen beiden einhaken.
Während die drei ruhig dasitzen, gehen die restlichen Spieler langsam im Kreis und wickeln sie in den Fallschirm. Sind die drei bis etwa zur Brust eingewickelt, fragen Sie sie, ob sie startklar sind. Auf ein Zeichen gehen alle übrigen Spieler schnell ein Stück zurück und ziehen dabei den Fallschirm mit sich. So werden die Spieler in der Mitte ziemlich rasch in zwei oder drei Umdrehungen abgewickelt. Eine Karussellfahrt Marke Eigenbau.
Achtung! Die SpielerInnen in der Mitte müssen aufpassen, daß sich ihnen nicht der Fallschirm um den Hals wickelt.
Weist alle Spieler auf diese Gefahr hin!

Spielart:
  VIP-Spiel
Aktivitätslevel:
  aktives Spiel
Anzahl der Spieler:
  6-24

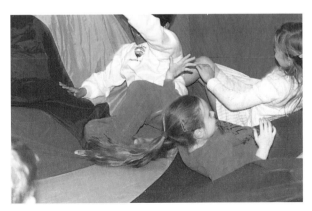

Fallschirm-Ritt

Der Fallschirm muß nicht immer ausgebreitet sein, wie Ihr auf dem Foto sehen könnt. Klar, es können nicht viele auf einmal an diesem Ritt teilnehmen, aber für den oder die Glücklichen bleibt er unvergessen.

Spielart:
VIP-Spiel
Aktivitätslevel:
gemäßigtes Spiel
Anzahl der Spieler:
6-24

Meeresbrise

Drei bis fünf SpielerInnen legen sich unter den Fallschirm. Die übrigen sorgen für starken Seegang über den Tiefseetauchern. An einem heißen Sommertag ist dies eine wunderbare Erfindung. Vergeßt nicht, Euch abzuwechseln!

Spielart:
 VIP-Spiel
Aktivitätslevel:
 sehr aktives Spiel
Anzahl der Spieler:
 6-50

Wellenbad

Damit das Bad in den Wellen für alle eine angenehme Erfahrung wird, ist es sinnvoll, nur drei bis fünf SpielerInnen gleichzeitig auf den Fallschirm zu lassen. Die Spieler rund um den Fallschirm fangen an, Wellen zu machen. Sind zu viele Spieler auf dem Schirm oder zu wenig Wellenmacher am Rand, beruhigt sich der Seegang. Achtung! Bittet die Schwimmer auf den Wellen, sich auf alle viere niederzulassen, da es schwierig ist, auf den Wellen zu gehen, ohne hinzufallen. (Das gilt vor allem auf harten Oberflächen.) Zur Sicherheit sollten sie sich auch die Schuhe ausziehen.

Wenn ein Sturm aufzieht, wird sich zeigen, wie seefest die Schwimmer sind.

Spielart:
VIP-Spiel
Aktivitätslevel:
sehr aktives Spiel
Anzahl der Spieler:
12-50

Das haben wir im Sack!

Auch wenn der Fallschirm aufgerollt in seinem Sack liegt, müßt Ihr noch lange nicht mit dem Spielen aufhören. Wir haben einmal mit einer Gruppe sehr lebhafter Kinder gespielt. Offiziell war die Spielzeit vorüber, und ein Spieler nahm Anlauf und trat gegen den Sack, in dem sich der Fallschirm befand. Es war nicht nur sehr befreiend für ihn, es sah auch lustig aus. Die anderen wollten es auch probieren. Schnell bildete sich eine Reihe, und wir hielten abwechselnd den Sack, während die Kinder Anlauf nehmen und dagegen treten konnten. Jeder kam mal dran. Wir alle fühlten uns besser, und es hat weder dem Seesack noch dem Fallschirm geschadet.

Spielart:
VIP-Spiel
Aktivitätslevel:
aktives Spiel
Anzahl der Spieler:
6-24

Kapitel Zwei:
Hinweise und Erläuterungen

1. Die Auswahl des richtigen Spiels

Für uns sind die Bedürfnisse der SpielerInnen wichtiger als eine starre Spielanleitung. Unser Ansatz lehnt sich an die New Games an und zielt dahin, so viele Spieler wie möglich mit einzubeziehen. Daher möchten wir Euch zu einem kreativen Umgang mit unseren Spielvorschlägen und zum Freien Spiel ermuntern.

Es kommt immer wieder vor, das ein Spiel, das man ausgewählt hat, nicht recht zur Spielgruppe paßt, und Frustration, Langeweile oder Streß aufkommen. Unsere Entscheidung lautet dann immer, das Spiel zu ändern und nicht die Spieler (letzteres wäre ja denkbar, z.B. durch eine neue Zusammensetzung der Spielgruppe, Ausgrenzung einzelner Spieler, Appelle an die SpielerInnen usw.) Wir empfehlen Euch dagegen - ganz im Sinne der New Games - entweder das Spiel den Gruppenbedingungen anzupassen (hierzu der Abschnitt 3 in diesem Kapitel) oder ein anderes, passenderes auszuwählen.

Welches Spiel ist nun das richtige für welche Gruppe in welcher Situation? Damit Ihr diese Frage beantworten und die passenden Spiele auswählen könnt, haben wir die Spiele nach verschiedenen Kategorien geordnet und betrachtet. Wir hoffen zugleich, daß sich unsere Kategorien und Ideen auf alle Spiele übertragen lassen, die Ihr in Eurem Repertoire habt.

Das Alter der Spieler

Grundsätzlich sind alle Spiele dieses Buches für Spieler jeden Alters und jeder Größe, sowohl für homo- als auch heterogene Gruppen geeignet. Auch Spiele oder Spielthemen, von denen Ihr vielleicht annehmt, sie seien für Erwachsene zu kindlich, können geeignet sein, wenn sie in einem spielerischen Rahmen präsentiert werden. Oft wecken gerade diese Spiele bei Erwachsenen kindliche Qualitäten und beflügeln die Phantasie und ihre Kreativität.

Wie gesagt: Ihr könnt alle Spiele in diesem Buch erfolgreich mit SpielerInnen jeden Alters durchführen. Dennoch ist es in der Regel so, daß sich lebhafte Spiele besonders für Kinder und jüngere Leute eignen, während die ruhigeren Spiele von Älteren bevorzugt werden. Daher haben wir die Spiele aus diesem Buch nach den Kriterien ruhig/lebhaft aufgelistet.

❐   **Lebhafte Spiele**

Abwickeln, Alligator, Bergsteigen, Das haben wir im Sack!, Drachenflug, Entwischen, Fallschirm-Volleyball, Hai, Herausforderung, Herz-Rasen, Karussell (rennen), Karussellrekord, Katz' und Maus, Maulwurf, Pony-Expreß, Räuber und Gendarm, Schatzjagd, Sit-ups im Kreis, Tauziehen im Kreis, Umgehungsstraße.

❐   **Ruhige Spiele**

Einhüllen, Fallschirm aufpusten, Fallschirm-Schieben, Fliegender Pilz, Flutwelle, Geisterstadt, Hase und Hund, Karussell (gehen), Skulptur, Tausendfüßler, Traktor-Rennen, Vogel Strauß, Wackelpudding, Wer hat da geguckt?, Zahnradgetriebe.

Die Größe der Spieler

Wenn man das Alter der Spieler in Betracht zieht, geht es häufig eher um ihre Größe. Bei gemischten Spielgruppen solltet Ihr die Großen vor Spielbeginn bitten, auf die kleineren MitspielerInnen zu achten. Das gilt besonders für Spiele wie Katz' und Maus oder Herz-Rasen, bei denen SpielerInnen kreuz und quer unter dem Fallschirm herlaufen sollen und evtl. zusammenstoßen könnten.

Die Spiele in diesem Buch können mit Spielern jeder Größe gemeinsam gespielt werden. Dennoch ist es bei einigen Spielen sinnvoller, die Spielergruppen so zusammenzustellen, daß immer etwa gleich große SpielerInnen nebeneinanderstehen. So können alle SpielerInnen den Fallschirm in die gleiche Höhe wie Ihre Spielnachbarn heben.

❐   **Spiele, bei denen Ihr auf Größenunterschiede in der Spielgruppe achten müßt**

Abheben, Abwickeln, Fallschirm aufpusten, Fliegender Pilz, Flutwelle, Geisterfahrer, Herz-Rasen, Jumbo-Pilz, Pilz, Popcornschlacht, Riesenwelle, Tausendfüßler, Wellenreiten.

Die Anzahl der Spieler

Bedenkt bei der Spielauswahl, insbes. bei den VIP-Spielen, daß möglichst viele Spieler innerhalb der verfügbaren Zeit aktiv sein bzw. eine Hauptrolle spielen können. Sonst sinkt die Motivation und die Enttäuschung eines Teils der Gruppe ist vorprogrammiert.

Bei allen Spielen können insgesamt 12-24 Spieler beteiligt werden. Bei einigen Spielen, könnt Ihr auch mit weniger als zwölf Spielern spielen, bei anderen auch mit mehr als vierundzwanzig Spielern . Zudem können einige Spiele mit Gruppen von 6-50 TeilnehmerInnen gespielt werden.

❒ **Spiele mit weniger als einem Dutzend Spielern**
Abwickeln, Balance, Bergsteigen, Das haben wir im Sack!, Drachenflug, Drunter und drüber, Einhüllen, Entwischen, Fallschirm aufpusten, Fallschirm-Basketball, Fallschirm-Golf, Fallschirm-Ritt, Fallschirm-Schieben, Fliegender Pilz, Geisterfahrer, Geisterstadt, Hase und Hund, Herzschlag, Iglu, Jumbo-Pilz, Meeresbrise, Popcorn, Popcornschlacht, Qualles Ausflug, Raketenstart, Riesenwelle, Schatzjagd, Schaukelstuhl, Sit-ups im Kreis, Skulptur, Tausendfüßler, Tauziehen im Kreis, Traktor-Rennen, Umstülpen, Urknall, Vogel Strauß, Wackelpudding, Welle machen, Wellenreiten, Wer hat geguckt?

❒ **Spiele mit mehr als zwei Dutzend Spielern**
Abheben, Alligator, Balance, Entwischen, Fallschirm aufpusten, Fallschirm-Golf, Fallschirm-Volleyball, Fliegender Pilz, Flutwelle, Geisterfahrer, Hai, Hase und Hund, Herausforderung, Herz-Rasen, Herzschlag, Iglu, Jumbo-Pilz, Karussell (gehen, rennen), Katz' und Maus, Maulwurf, Meeresbrise, Pony-Expreß, Popcorn, Popcornschlacht, Qualles Ausflug, Riesenwelle, Schatzjagd, Schaukelstuhl, Schlangenbiß, Sit-ups im Kreis, Skulptur, Tausendfüßler, Traktor-Rennen, Umgehungs-straße, Urknall, Vogel Strauß, Welle machen, Wellenbad, Wellenreiten, Wer hat geguckt?, Zahnradgetriebe.

Hohes, mittleres und niedriges Aktivitätslevel

Wir unterscheiden Spiele nach ihrem Aktivitätslevel (gemäßigt, aktiv, sehr aktiv), wobei Spiele mit einem gemäßigten Aktivitätslevel wenig Bewegung, sehr aktive Spiele hingegen viel Bewegung und folglich auch Beweglichkeit erfordern. Für die Dramaturgie einer Spielrunde ist es wichtig, bezüglich des Aktivitätsgrades der Spiele für reichlich Ab-wechslung zu sorgen. Andernfalls besteht die Gefahr, daß Ihr entweder die SpielerInnen zu sehr streßt oder daß sie vor Langeweile einschlafen. Die Fallschirmspiele variieren nicht so stark in ihrem Aktivitätslevel wie die New Games ohne Fallschirme. Beim Spielen mit dem Fallschirm muß man aber bedenken, daß sich die SpielerInnen ständig hinknien, setzen und wieder hinknien müssen. Eine anstrengende, nicht zu empfehlende Spielfolge wäre z.B. schon von der Aufstellung der SpielerInnen her die folgende: Alligator, Bergsteigen, Schaukelstuhl, Sit-ups und Herzschlag.

Wenn Ihr dagegen in einem "Iglu" sitzt, ist das ein guter Zeitpunkt um das Spiel "Schaukelstuhl" anzuschließen, weil Ihr Euch schon in der richtigen Spielposition befindet.

❐   Hohes Aktivitätslevel

Bergsteigen, Drachenflug, Entwischen, Großreinemachen, Herausforderung, Herz-Rasen, Karussell (rennen), Karussellrekord, Katz' und Maus, Maulwurf, Meeresbrise, Pony-Expreß, Qualles Ausflug, Raus aus der Pfanne, rein in die Pfanne!, Sit-ups im Kreis, Tauziehen im Kreis, Umgehungsstraße, Wellenbad.

❐   Mittleres Aktivitätslevel

Abheben, Abwickeln, Alligator, Das haben wir im Sack!, Fallschirm-Basketball, Fallschirm-Golf, Fallschirm-Volleyball, Geisterfahrer, Hai, Hase und Hund, Herzschlag, Iglu, Karussell (gehen), Popcorn, Popcornschlacht, Raketenstart, Räuber und Gendarm, Schatzjagd, Schlangenbiß, Tausendfüßler, Traktor-Rennen, Wackelpudding, Welle machen, Wellenreiten.

❐   Niedriges Aktivitätslevel

Balance, Drunter und drüber, Einhüllen, Fallschirm aufpusten, Fallschirm-Ritt, Fallschirm-Schieben, Fliegender Pilz, Flutwelle, Geisterstadt, Jumbo-Pilz, Pilz, Riesenwelle, Schaukelstuhl, Skulptur, Umstülpen, Urknall, Vogel Strauß, Wer hat da geguckt?, Zahnradgetriebe.

Anfang, Mitte und Schluß

Bei der Planung einer Spielfolge ist es nützlich, darüber nachzudenken, welche Spiele gute Eröffnungsspiele sind, welche Spiele sich als Abschlußspiele eignen und welche Spiele gut hintereinander gespielt werden können.

Sofern Ihr Neulinge auf dem Gebiet des Fallschirmspiels seid, legen wir Euch wärmstens die Einstiegsspielrunde (Kapitel 1) ans Herz. So lernt Ihr sozusagen spielend und fern jeder grauen Theorie die Möglichkeiten, aber auch die Tücken des Fallschirmspiels kennen.

Ein gutes Eröffnungsspiel bietet den Spielern die Möglichkeit, sich mit dem Fallschirm vertraut zu machen. Zudem können sie ohne unnötigen Streß oder Angst die wunderbaren Möglichkeiten entdecken, die so ein Fallschirm bietet. Mit "Welle machen" läßt sich ein guter Anfang machen. Leute im Umkreis können sehen, was geschieht und zum Spielen eingeladen werden. Wenn man dagegen mit "Iglu" beginnt, können keine neuen Spieler mit in den Kreis aufgenommen werden. "Abwickeln" hingegen könnte am Anfang einer Spielfolge für die Mittelspieler zu anstrengend sein.

Zu Beginn der meisten Fallschirmspiele können Kinder es kaum abwarten, in das Spielzentrum zu gehen. Dennoch würden wir an Eurer Stelle Spiele, die das erfordern, erst in der Mitte einer Spielfolge ansiedeln. Die Wahrscheinlichkeit ist dann größer, daß sich alle mit dem Fallschirm wohl fühlen.

Wir haben eine Liste mit den Spielen zusammengestellt, die sich entweder gut für den Beginn oder für das Ende eignen. Alle anderen passen gut in die Mitte der Spielfolge. Natürlich können auch viele der Anfangs- und Schlußspiele in der Mitte einer Spielfolge angesiedelt werden.

❑   Gut geeignet für den Beginn einer Spielrunde
Drachenflug, Einhüllen, Fallschirm-Schieben, Fliegender Pilz, Herzschlag, Jumbo-Pilz, Pilz, Popcorn, Qualles Ausflug, Urknall, Welle machen.

❑   Gut geeignet für das Ende einer Spielrunde
Balance, Das haben wir im Sack!, Fallschirm-Golf, Fallschirm-Ritt, Geisterfahrer, Geisterstadt, Skulptur, Tausendfüßler, Tauziehen im Kreis, Traktor-Rennen, Vogel Strauß, Wellenreiten.

Spielort

"Abwickeln" ist ein großartiges Spiel, wenn man es auf einem glatten, glänzenden Holzboden in der Turnhalle spielt. Aber abgesehen von diesem Spiel und von regnerischen oder besonders windigen Tagen macht es mehr Spaß auf einer ebenen Rasenfläche zu spielen als auf dem Holzboden einer Turnhalle. Spielen könnt Ihr sie aber alle draußen wie drinnen. Wenn Ihr allerdings verhindern wollt, daß Euer Fallschirm Flecken bekommt, die nicht mehr zu entfernen sind, solltet Ihr Spiele, bei denen die Spieler auf dem Fallschirm gehen müssen, nicht auf Gras, Straßenpflaster o.ä. spielen.

Die Größe des Fallschirms

Die Anzahl der MitspielerInnen steht im direkten Zusammenhang zur Größe Eures Fallschirms. Bei mehr als 50 Spielern werden die SpielerInnen vor lauter Gedränge keinen Spaß mehr daran haben, mit nur einem Fallschirm zu spielen. In einem solchen Fall entscheiden wir uns dafür, mit mehreren Fallschirmen zu spielen, oder wir bieten zusätzlich Spiele an, zu denen man keinen Fallschirm braucht.

Für Gruppen mit mehr als vierundzwanzig SpielerInnen ist es ratsam, einen Fallschirm mit mindestens 8 Metern Durchmesser zu benutzen. Für Gruppen mit weniger als zwölf Spielern empfehlen wir einen kleinen Fallschirm mit 6 Metern Durchmesser oder weniger. Wenn die Spielgruppe nur aus Kindern unter zehn Jahren besteht, solltet Ihr ebenfalls einen kleinen Fallschirm einsetzen, weil es sonst z.B. schwierig wird, den Fallschirm hochzuheben, um einen Pilz zu bilden.

Spiel \ Kriterium	Anzahl der Spieler			Alter der Spieler		Aktivitäts-level	Plazierung
	<12	12-24	>12	jung	alt		
Abheben		X	X			OO	
Abwickeln	X	X				OO	
Alligator		X	X			OO	
Balance	X	X	X			O	E
Bergsteigen	X	X				OOO	
Das haben wir im Sack	X	X		J		OO	E
Drachenflug	X	X		J		OOO	B
Drunter und drüber	X	X				O	
Einhüllen	X	X			A	O	B
Entwischen	X	X	X	J		OOO	
Fallschirm aufpusten	X	X	X		A	O	
Fallschirm-Basketball	X	X				OO	
Fallschirm-Golf	X	X	X			OO	E
Fallschirm-Ritt	X	X				O	E
Fallschirm-Schieben	X	X			A	O	B
Fallschirm-Volleyball		X	X	J		OO	
Fliegender Pilz	X	X	X		A	O	B
Flutwelle		X	X		A	O	
Geisterfahrer	X	X	X		A	OO	E
Geisterstadt	X	X			A	O	E
Großreinemachen		X	X			OOO	
Hai		X	X	J		OO	
Hase und Hund	X	X	X		A	OO	
Herausforderung		X	X	J		OOO	
Herz-Rasen		X	X	J		OOO	
Herzschlag	X	X	X	J		OO	B
Iglu	X	X	X			OO	
Jumbo-Pilz	X	X	X			O	B
Karussell gehen		X	X		A	OO	
Karussell rennen		X	X	J		OOO	
Karussellrekord		X	X			OOO	
Katz' und Maus		X	X			OOO	

Kriterium / Spiel	Anzahl der Spieler			Alter der Spieler		Aktivitäts-level	Plazierung
	<12	12-24	>12	jung	alt		
Maulwurf		X	X	J		OOO	
Meeresbrise	X	X	X			OOO	
Pilz		X				O	B
Pony-Express		X	X	J		OOO	
Popcorn	X	X	X			OO	B
Popcornschlacht	X	X	X			OO	
Qualles Ausflug	X	X	X			OOO	B
Raketenstart	X	X				OO	
Räuber und Gendarm		X		J		OO	
Raus aus der Pfanne,...		X				OOO	
Riesenwelle	X	X	X			O	
Schatzjagd	X	X	X			OO	
Schaukelstuhl	X	X	X			O	
Schlangenbiß		X	X			OO	
Sit-ups im Kreis	X	X	X	J		OOO	
Skulptur	X	X	X		A	O	E
Tausendfüßler	X	X	X		A	OO	E
Tauziehen im Kreis	X	X		J		OOO	E
Traktor-Rennen	X	X	X		A	OO	E
Umgehungsstraße		X	X	J		OOO	
Umstülpen	X	X				O	
Urknall	X	X	X			O	B
Vogel Strauß	X	X	X		A	O	E
Wackelpudding	X	X			A	OO	
Welle machen	X	X	X			OO	B
Wellenbad		X	X			OOO	
Wellenreiten	X	X	X			OO	E
Wer hat da geguckt?	X	X	X		A	O	
Zahnradgetriebe		X	X		A	O	

J = besonders für jüngere SpielerInnen geeignet
A = besonders für ältere SpielerInnen geeignet
B = gut geeignet für den Beginn einer Spielrunde
E = gut geeignet für das Ende einer Spielrunde

O = gemäßigter AL
OO = aktiver AL
OOO = sehr aktiver AL

2. Was SpielleiterInnen beachten sollten

SpielleiterInnen als Mitspieler

Uns ist wichtig, daß die SpielleiterInnen selber mitspielen, weil die Teilnehmer uns so mehr vertrauen und auf unsere Anweisungen hören. Als MitspielerInnen merkt Ihr schneller, ob das Spiel außer Kontrolle gerät, zu langweilig oder zu anstrengend ist, und Eure Begeisterung überträgt sich leichter auf die Gruppe. Ihr solltet aber darauf achten, daß ein Teil Eurer Aufmerksamkeit auf die ganze Gruppe gerichtet bleibt, denn als SpielleiterInnen seid Ihr verantwortlich für die Sicherheit der MitspielerInnen und für das Gelingen der Spielrunde.

Zum Thema Sicherheit

Der Umstand, daß alle SpielerInnen in einem Kreis stehen und einander ansehen, erzeugt ein Gruppengefühl, das das Interesse der Beteiligten an der Sicherheit ihrer MitspielerInnen verstärkt. Dennoch seid Ihr als SpielleiterInnen verantwortlich dafür, daß niemand verletzt wird.

Bevor es losgeht, solltet Ihr überprüfen, ob das Spielfeld von Gefahrenquellen frei ist (Steine, scharfe Kanten, Löcher, Glas, Masten u.ä.), sie gegebenenfalls beseitigen bzw. Eure MitspielerInnen auf Hindernisse aufmerksam machen.

Die Art und Weise, wie Ihr Euer Spiel vorstellt, ist oft entscheidend dafür, ob es ein wildes Rugbyspiel oder ein Spiel wird, bei dem alle ohne Gefährdung Spaß haben können. Bei Spielen mit hohem körperlichen Einsatz solltet Ihr bei der Spielankündigung auf mögliche Gefahren verweisen bzw. sagen, um was für ein Spiel es sich handelt. So kann jeder wählen, ob er mitspielen will oder nicht.

Wenn ein Spiel dennoch zu wild oder zu gefährlich wird, dann beendet es, oder verändert es zugunsten größerer Sicherheit. Ihr könnt auch alle TeilnehmerInnen daran erinnern, daß Ihr zusammengekommen seid, um Spaß zu haben oder fragen: "Wie können wir das Spiel so verändern, daß sich niemand dabei weh tun kann und alle Spaß haben?"

Grundsätzlich können wir Euch versichern: Fallschirmspiele sind ungefährlich. Dennoch möchten wir Euch - am Beispiel einiger Spiele - auf kleinere Sicherheitsprobleme hinweisen.

Bei dem Spiel "Abwickeln" besteht ein kleines Risiko, daß jemand den Fallschirm um den Hals gewickelt bekommt. Daher raten wir den Spielern in der Mitte, ihre Arme hochzunehmen, und den anderen, mit dem Einwickeln aufzuhören, bevor der Fallschirm die Halshöhe der MitspielerInnen erreicht hat.

Beim Spiel "Herz-Rasen" wollen die Spieler möglicherweise den Fallschirm zu schnell auf einen ihrer Mitspieler fallen lassen. In diesem Fall braucht Ihr nur darauf hinzuweisen, daß der "Herzschlag" in einem regelmäßigen Rhythmus bleiben soll und daß es nicht das Ziel des Spiels ist, einander zu enthaupten. Wir erinnern die Spieler auch daran, beim Lauf unter dem Fallschirm aufeinander zu achten, um Zusammenstöße zu vermeiden.

Wir möchten Euch ausdrücklich bitten, darauf zu verzichten, mit dem Fallschirm Leute in die Luft zu schleudern. Die Gefahr, daß jemand unglücklich fällt und sich verletzt, ist einfach zu groß.
Denkt immer daran, daß Fallschirme verschleißen. Ein Schirm, mit dem sich noch im vorigen Jahr hervorragend Leute hochschleudern ließen, könnte während der Winterpause zu brüchig geworden sein. Eine solche Aktivität belastet zudem die Nähte und bewirkt, daß der Schirm auseinanderfällt oder reißt.

Emotionale Sicherheit

Ein Spielleiter muß bei Fallschirm- und anderen Spielen ein Gespür für die emotionale Sicherheit der TeilnehmerInnen besitzen. Es gibt viele Leute, die noch nie mit einem Fallschirm gespielt haben und die befürchten, daß es ungeheuer albern aussieht. Eure Aufgabe als Spielleiter ist es, sie zum Spielen einzuladen und ihnen das Gefühl zu vermitteln, daß sie willkommen sind. Zuschauer könnt Ihr z.B. zum Mitmachen gewinnen, indem Ihr einfach auf eine Lücke zwischen den Spielern am Fallschirmrand weist und sagt: "Wir könnten hier noch ein paar Leute gebrauchen." Besteht aber nicht darauf, daß jemand mitspielt; man sollte immer die Möglichkeit haben, nicht mitzumachen und alle Beteiligten sollten das Gefühl haben, daß es in Ordnung ist, nicht mitzuspielen.
Um eine Atmosphäre psychologischer Sicherheit zu schaffen, ist es wichtig, daß Ihr als SpielleiterInnen für Ordnung sorgt, wenn es zu chaotisch wird, offen seid für die Vorschläge aus der Gruppe und mit

klaren und bündigen Erläuterungen das Spiel erklärt.

Wenn einzelne SpielerInnen bewußt den Spielfluß stören, bewährt es sich in der Regel, den Betreffenden freundlich aufzufordern, für ein Spiel auszusetzen. Ihr solltet ebenso freundlich sagen, daß er oder sie beim nächsten Spiel wieder mitmachen kann, aber natürlich auch die Freiheit hat, sich dagegen zu entscheiden. Das ist eine positive Haltung, mit der Ihr MitspielerInnen nicht bestraft, sondern von einer Aktivität ausschließt, die anderen Spaß macht und die sie nicht unterstützt haben.

Die Auswahl von Freiwilligen

Für Kinder wird es schwer, wenn es um das Auswählen von Freiwilligen geht. Denn jedes will zuerst gewählt werden. Ihr Sinn fürs Warten ist noch nicht sehr gut entwickelt. Wenn sie nicht sofort gewählt werden, sind sie schnell frustriert.

Anstatt zu fragen, wer beim Spiel "Abwickeln" gerne in die Mitte gehen würde oder wer gerne die Katze bzw. die Maus wäre, und dann die unvermeidliche Legion erhobener Hände zu sehen, vermeiden wir es lieber, direkt auszuwählen. Stattdessen veranstalten wir spontan eine Art Glücksspiel, um Freiwillige zu bestimmen. Zum Beispiel betrachten wir die Kleider der MitspielerInnen und sagen an, daß diejenigen in die Mitte gehen, die rote Pullover tragen. Nach der ersten Runde suchen dann Katze und Maus ihre Ersatzspieler aus; das müssen aber Spieler sein, die noch nicht an der Reihe waren.

Eine andere Möglichkeit ist es, die Spieler nach ihrem Geburtstag auszuwählen: "Alle, die im Mai geboren sind, gehen für die nächste Runde in die Mitte." Wenn Ihr wollt, könnt Ihr auch mehrere Monate zusammennehmen oder, wenn angebracht, die Freiwilligen nach ganzen Jahreszeiten auswählen.

Müßt Ihr Eure Gruppe in zwei Mannschaften aufteilen? Wie wäre es denn, wenn die ersten sechs Monate des Jahres gegen die letzten sechs spielen würden? Oder all die, die an einem geraden Tag geboren sind, gegen die, die an einem ungeraden Tag geboren sind? Manchmal behaupten Kinder, sie hätten mehrere Geburtstage, damit sie öfter in die Mitte gehen können. Das aber ist normalerweise kein größeres Problem.

Ihr könnt Euch auch in die Mitte stellen, die Augen schließen und Euch mit einem ausgestreckten Arm im Kreis drehen. Wenn Ihr anhaltet, öffnet

Ihr einfach die Augen, seht, wohin Euer Arm zeigt, und wählt den Spieler, der am nächsten dazu steht und gerne der Freiwillige sein möchte.

Erwachsene hingegen haben genau das entgegengesetzte Problem: Bei ihnen ist es manchmal schwierig, Freiwillige zu finden. Die meisten von uns sind, wenn sie älter werden, immer weniger bereit, Risiken einzugehen, vor allem vor anderen Leuten. Wenn Ihr als SpielleiterInnen bereit seid, die Rolle des Freiwilligen zu spielen, zeigt dies den anderen, daß es keinen Grund gibt, sich zu fürchten, und sie werden eher bereit sein mitzumachen.

Zum Stil der Spielleitung

Spielen ist eine freiwillige Tätigkeit. Wir spielen, weil wir spielen wollen. Daher versuchen wir, den Teilnehmern nicht im Sinne einer Anordnung zu sagen, was sie tun sollen.

Erklärungen sollten als Vorschläge, Ermutigungen, Hinweise und Tips formuliert werden, nicht als Befehle. "Wie wäre es, wenn alle gleichzeitig den Fallschirm über ihren Kopf heben würden?" klingt viel besser, als die Anordnung: "Bildet einen Pilz!"

Zu Spielbeginn ist es entscheidend, daß die Aufmerksamkeit der Gruppe auf den oder die Spielleiter gerichtet ist. Je besser das gelingt, desto größer ist die Warscheinlichkeit, daß das Spiel in Schwung kommt. Dafür hat es sich bewährt, die TeilnehmerInnen so aufzustellen, wie es das Spiel verlangt, bevor Ihr mit der Spielerklärung beginnt. Wenn alle in der richtigen Position rund um den Fallschirm stehen und ihre Rollen einnehmen, sind sie in der Regel konzentrierter und es ist leichter, das Spiel zu veranschaulichen.

Wir haben jedoch die Erfahrung gemacht, daß die Spieler nicht alles vollständig im voraus verstanden haben müssen, um Spaß am Spielen zu bekommen. Tatsächlich rührt ein Teil des Spaßes oft daher, daß man die Zusammenhänge bestimmter Spiele überraschend entdeckt, während man sie spielt, und es macht vielen TeilnehmerInnen mehr Spaß etwas selbst auszuprobieren, anstatt lange Erklärungen oder Anweisungen zu hören.

Die Übungsrunde

Für die Einführung neuer Spiele, insbes. für Wettspiele, eignet sich die Übungsrunde. Da alles nur zur Übung ist und nicht wirklich zählt, sind die Spieler eher bereit, Schritt für Schritt das Spiel zu durchlaufen, auch wenn sie es vielleicht noch nicht ganz verstehen. Diese Haltung hat etwas damit zu tun, daß niemand verlieren will.

In Wahrheit kann man bei Fallschirmspielen überhaupt nicht verlieren. Wir haben keine Verlierer, wir haben nur Spieler. Wir halten die Ergebnisse nicht fest und verteilen auch keine Trophäen am Ende des Spieles. Wenn Ihr alle äußerlichen Anerkennungen wie Punktzahlen und Preise weglaßt, wird es der Gruppe egal, ob sie schon spielt oder noch übt.

Erstellt eine Liste

Wenn Ihr eine Spielrunde leitet, ist es sehr beruhigend, eine Liste mit Spielen griffbereit zu haben, geordnet nach dem Aktivitätslevel, der Zahl der Mitspieler oder nach guten Eröffnungs-, Mittel- und Abschluß-spielen. Ihr könnt dann rasch das passende Spiel für die jeweilige Situation oder Gruppe aussuchen und behaltet auch dann den Überblick, wenn Ihr von der Stimmung des Spiels mitgerissen werdet.

3. Wie man Spiele so verändert, daß sie zu den Spielern passen

Wie man Spielen auch betrachten kann

Was tun, wenn Euer Spiel nicht recht zu den Spielern paßt, Frustration und Langeweile aufkommen oder einige der Mitspieler überfordert sind? Ihr könnt ein anderes Spiel auswählen (Kapitel 2, Abschnitt 1) oder das Spiel so verändern, daß es Euch wieder Spaß macht.
Das Spielkonzept, das wir Euch im folgenden vorstellen, bezieht sich auf Arbeiten von Mihaly Csikszentmihalyi, die Ihr auch im Literaturverzeichnis findet. Es bietet konkrete Verfahrensweisen, wie man Spiele zunächst erörtern und dann so modifizieren kann, daß möglichst viele SpielerInnen einen Zugang zum Spiel finden.

Ein einfaches Koordinatensystem hilft bei der Veranschaulichung unseres Spielkonzepts. Entlang der waagerechten X-Achse können wir die Fähigkeit eines Spielers einzeichnen. Jemand, dessen Markierung mehr rechts steht, ist besser als jemand, dessen Markierung näher an Null steht. Die senkrechte Y-Achse zeigt die Schwierigkeit des Spiels an. Je höher das Spiel auf dieser Achse verzeichnet ist, desto schwieriger ist es.

Nun wollen wir drei Punkte in das Koordinatensystem einzeichnen, die die drei möglichen Gemütsverfassungen eines Spielers darstellen. Punkt A bezeichnet eine sehr gute Spielerin, die ein nicht sehr schwieriges Spiel spielt. Aller Wahrscheinlichkeit nach empfindet diese Spielerin Langeweile.
Punkt B zeigt einen Spieler, der ein sehr schwieriges Spiel nicht sehr gut spielen kann. Dieser Spieler ist wahrscheinlich frustriert oder ängstlich.
Punkt C zeigt einen Spieler mit durchschnittlicher Spielfähigkeit, der ein Spiel von durchschnittlicher Schwierigkeit spielt. Dieser Spieler geht ganz im Spielen auf. Er oder sie fühlt sich durch das Spiel herausgefordert, ohne überfordert zu sein. Wichtig ist hier, daß die Fähigkeit des Spielers der Schwierigkeit des Spieles entspricht.

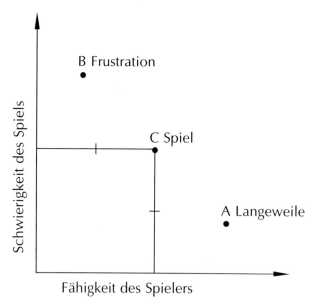

Wann immer der Schwierigkeitsgrad des Spiels mit der Fähigkeit des Spielers übereinstimmt, können wir einen Punkt anbringen und dies voll integriertes Spielen nennen. All diese Spielpunkte können verbunden werden und ergeben eine ununterbrochene diagonale Linie. Beachtet bitte, daß ein Anfänger ebenso voll integriert spielen kann, wie ein sehr versierter. Da die Fähigkeiten des Spielers wachsen, muß das Spiel schwieriger werden, sonst wird sich der Spieler irgendwann langweilen. Spieler aber, die nicht so versiert sind, werden frustriert sein, wenn das Spiel nicht ein wenig leichter gemacht wird.

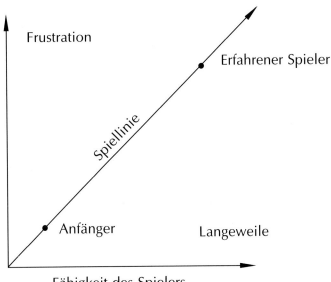

Beachtet, daß beide Spieler, die durch die Punkte dargestellt werden, voll in ihrem Spiel aufgehen. Sie haben nicht denselben Grad an Fähigkeiten, sind aber dennoch in gleichem Maße in das jeweilige Spiel integriert, das sie gerade spielen. Das ist häufig der Fall, wenn die Spieler in zwei verschiedenen Spielen spielen. Dennoch könnten beide Spieler auch dasselbe Spiel spielen.

In einem solchen Spiel gäbe es für die verschiedenen Spieler unterschiedliche Rollen, an die auch unterschiedliche Erwartungen geknüpft sind.
Mit "Fähigkeit" in diesem Koordinatensystem kann jegliche Art von Fähigkeit gemeint sein. Bei einem sehr aktiven Spiel könnte es die Fähigkeit sein, schnell zu laufen. Bei einem Ballspiel könnte es die Augen-Hand- oder Augen-Fuß-Koordination sein, die nötig ist, um mit dem Ball geschickt umzugehen. Beim Schachspiel wäre es die Fähigkeit, viele verschiedene Strategien gleichzeitig im Kopf zu haben und einige Züge im voraus planen zu können.

Jeder Spieler bringt seine ganz besonderen Stärken und Schwächen mit in das Spiel ein. Z.B. könnte jemand eine großartige Körperkoordination haben.
Dieser Spieler könnte gut im Basketball sein und Schwierigkeiten beim Kartenspiel haben. Wir können dem Koordinatensystem eine Z-Achse hinzufügen, die im rechten Winkel aus der Seite herausführt. Dann

wird das Koordinatensystem dreidimensional. Auf jeder Ebene dieser neuen dritten Dimension könnten wir die besondere Fähigkeit des Spielers und die besondere Schwierigkeit des Spiels (für ihn) bezeichnen. Wenn man all die verschiedenen Ebenen betrachtet, dann bekommt man einen Gesamteindruck der Stärken und Schwächen eines Spielers bei einem bestimmten Spiel.

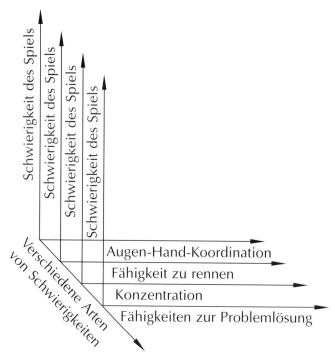

Bei den traditionellen Sportarten und im Leistungssport ist es das Hauptziel, immer weiter auf der Spiellinie vorzurücken. Ständig werden neue, jüngere und bessere Sportler von der äußersten Rechten der X-Achse ins Spiel gebracht.
Das steigert auch den Schwierigkeitsfaktor, was bedeutet, daß erfolgreiches Spielen nur noch mit hochtalentierten Sportlern erreicht werden kann. Das ist großartig für die wenigen, die gut genug sind, doch für uns Normalsterbliche werden diese Spiele dadurch zu bloßen Zuschauersportarten.
Das Level, auf dem uns das Spielen noch Spaß macht, liegt also mindestens immer einen Schritt hinter dem, was Profis Spielen nennen.
Professionelles Spielen könnte man in unserem Koordinatensystem folgendermaßen darstellen:

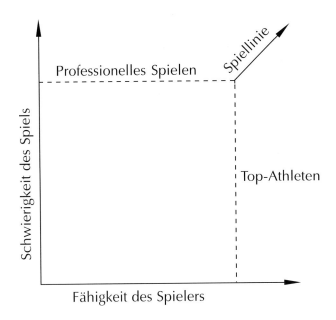

Die diagonale Spiellinie existiert immer noch, doch sie kann nur noch von den hochtalentierten Profi-Sportlern erreicht werden. Das Spielen beginnt auf einem so weit vorgerückten Punkt auf der Spiellinie, bei einem solch hohen Schwierigkeitsgrad, daß es für die Mehrheit von uns keinen Zugang gibt.

Fallschirmspiele so verändern, daß sie zu den Spielern passen

Fallschirmspiele und die Spiele der "New Games" haben ein anderes Wertesystem. Anstatt nur die besten Spieler zu nehmen, um das Spiel schwieriger und spannender zu machen, ändern wir das Spiel, damit es besser zu den jeweiligen Spielern paßt. Unser Ziel als Spielführer ist es, die Spiellinie sowohl nach oben als auch nach unten hin zu verlängern, damit wir alle Fähigkeitsgrade abdecken können. Dazu schätzen wir zunächst die Fähigkeiten der SpielerInnen ein und passen dann das Spiel entsprechend an, machen es schwieriger oder einfacher.

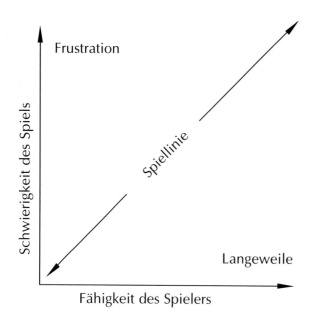

Als Beispiel wollen wir einmal das Fallschirmspiel "Katz' und Maus" betrachten. Stellt Euch eine durchschnittlich befähigte Katze vor, die versucht, die beste Maus der Welt zu fangen. Nach einer halben Stunde wird jeder merken, daß es der Katze einfach nicht gelingt, die Maus zu fangen. Diese Maus würde sich dann in der Langeweile-Zone auf unserem Koordinatensystem befinden, während die Katze frustriert wäre. Wenn man eine zweite Katze ins Spiel brächte, dann würde dies nicht nur die Katze von ihrer Frustration befreien, sondern auch den Schwierigkeitsgrad für die Maus steigern. Alle Spieler hätten letztendlich mehr Spaß.

Wenn man beim Spiel "Popcorn" alle großen Spieler bittet, sich hinzuknien, dann wird das Spiel für sie schwieriger, für die Kleinen aber weniger frustrierend.

Wenn ein Spieler beim "Entwischen" sehr versiert im Abwerfen seiner Mitspieler ist, dann könntet Ihr ihn bitten, mit der anderen Hand zu werfen. So bekommen die übrigen Spieler eine bessere Chance, weiterzuspielen und ihren Spaß zu haben. Sollte es bei "Räuber und Gendarm" dem Gendarm nicht gelingen, den Räuber zu fangen, dann könnte man letzteren bitten, schnell zu gehen (immer ein Fuß am Boden!) anstatt zu rennen.

Die Spieler können auch die Stimmung eines Mitspielers beeinflussen. Wenn viele begeisterte Spieler dabei sind, dann werden auch die übrigen mit größerer Wahrscheinlichkeit ihren Spaß haben. Jemand, der sich in unserem Koordinatensystem in der Nähe der Spiellinie befindet, aber ein wenig gelangweilt ist, könnte durch das Vergnügen der anderen Spieler mitgerissen werden und letztendlich doch seinen Spaß haben. Betrachtet man die andere Seite der Spiellinie, dann könnte ein etwas frustrierter Spieler, der vom Spielleiter und den anderen Spielern ermutigt wird, mit größerer Wahrscheinlichkeit über seine Hemmungen hinwegsehen und eher in spielerische statt in ängstliche Stimmung kommen.

Dies alles weist darauf hin, daß die Spiellinie nicht notwendigerweise eine dünne Linie ist, sondern zu einem Band oder einer Bahn ausgeweitet werden kann.

Wir stellen uns dieses Band als eine Art Tropfen vor, der sich in alle Richtungen mehr und mehr ausdehnt. Man kann es also auch als das Ziel des Spielleiters ansehen, daß die Spiellinie nicht nur so weit wie möglich in beide Richtungen verlängert, sondern auch so weit wie möglich verbreitert wird, damit so viele Spieler wie möglich in das Spiel mit einbezogen werden können.

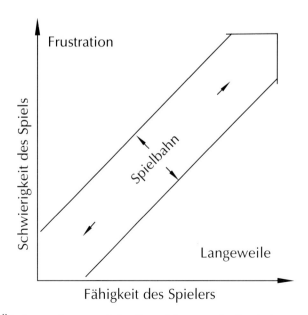

Übrigens lassen sich diese Ideen auf alle Arten von Spielen, nicht nur auf Fallschirmspiele, übertragen.

4. Spielend lernen

Der Zweck der hier vorgestellten Spiele ist nicht das Training spezifischer Fähigkeiten. Die Hauptmotivation zum Spielen ist der Spaß, und der eigentliche Nutzen der Spiele entspringt der Interaktion, die entsteht, wenn alle zusammen mit einem Fallschirm spielen. Zugleich bieten die Spiele spannende und interessante Möglichkeiten, wichtige soziale und persönliche Fähigkeiten zu erweitern.
Bitte denkt immer daran: Fallschirmspiele sollen ein luftiges Vergnügen sein, wird dies vergessen, verlieren die Spiele ihre Wirksamkeit und ihre positiven Nebenerscheinungen. Für Euch als Spielleiter oder Lehrer ist es aber sicher sinnvoll zu wissen, in welcher Weise die Spiele den Spielern zusätzlich nützen.

Die Fähigkeiten, die beim Spielen entwickelt werden können, haben wir in vier Gebiete aufgeteilt: Soziales Verhalten, individuelles Verhalten, körperliche Fähigkeiten, motorische Fähigkeiten.

Die Spiele selbst sind danach geordnet, ob in ihnen eine bestimmte Fähigkeit eine größere oder kleinere Rolle spielt. Bei vielen Spielen ohne Fallschirm sind die hier angesprochenen Fähigkeiten ebenfalls gefragt, jedoch nebensächlich.

Soziale Fähigkeiten
❐　　**Kooperation - Zusammenarbeit für ein gemeinsames Ziel**
Größerer Anteil: *Abheben, Abwickeln, Alligator, Aufräumen, Balance, Bergsteigen, Drachenflug, Fallschirm aufpusten, Fallschim-Basketball, Fallschirm-Golf, Fallschirm-Volleyball, Fliegender Pilz, Flutwelle, Geisterfahrer, Geisterstadt, Hai, Hase und Hund, Herzschlag, Herz-Rasen, Iglu, Katz' und Maus, Pilz, Popcornschlacht, Raketenstart, Räuber und Gendarm, Riesenwelle, Schaukelstuhl, Sit-ups im Kreis, Skulptur, Umstülpen, Urknall, Vogel Strauß, Wellenreiten, Wer hat da geguckt?*
Geringerer Anteil: *Drunter und drüber, Entwischen, Herausforderung, Karussell (gehen, rennen), Karussellrekord, Meeresbrise, Pony-Expreß, Qualles Ausflug, Tausendfüßler.*

❏   **Vertrauen - Aufbau eines Gefühls von Gruppensicherheit**
Größerer Anteil: *Abheben, Balance, Herz-Rasen, Meeresbrise.*

❏   **Problemlösung - Die Entdeckung einer (Lösung) von vielen möglichen Lösungen**
Größerer Anteil: *Skulptur.*
Geringerer Anteil: *Einhüllen, Entwischen, Hase und Hund, Räuber und Gendarm, Schatzjagd, Umstülpen, Wellenbad.*

❏   **Interaktion (beinhaltet auch Fähigkeiten, die für das Zuhören nötig sind)**
Größerer Anteil: *Balance, Umstülpen.*
Geringerer Anteil: *Abheben, Bergsteigen, Drachenflug, Entwischen, Fallschirm-Golf, Fliegender Pilz, Geisterstadt, Hase und Hund, Herausforderung, Herz-Rasen, Iglu, Pony-Expreß, Popcornschlacht, Qualles Ausflug, Riesenwelle.*

❏   **Taktiler Kontakt - körperliche Berührung**
Bei allen Spielen findet körperliche Berührung mit dem Fallschirm statt. Die folgenden Spiele beinhalten auch das Berühren der Mitspieler:
Größerer Anteil: *Abwickeln, Alligator, Hai, Katz' und Maus, Pony-Expreß, Skulptur, Umstülpen.*
Geringerer Anteil: *Bergsteigen, Herausforderung, Herz-Rasen, Maulwurf, Räuber und Gendarm, Raus aus der Pfanne, rein in die Pfanne!, Tauziehen im Kreis, Wellenbad.*

❏   **Anpassungsfähigkeit - Einfühlungsvermögen und die Fähigkeit, sich den Aktionen und Bewegungen der anderen anzupassen**
Größerer Anteil: *Entwischen, Herz-Rasen, Herzschlag, Iglu, Jumbo-Pilz, Maulwurf, Pilz, Räuber und Gendarm, Schaukelstuhl, Umstülpen, Wellenbad.*
Geringerer Anteil: *Balance, Drachenflug, Drunter und drüber, Fallschirm-Golf, Fliegender Pilz, Geisterfahrer, Geisterstadt, Hase und Hund, Popcornschlacht, Qualles Ausflug, Schlangenbiß, Sit-ups im Kreis, Skulptur, Tausendfüßler, Tauziehen im Kreis, Wellenreiten.*

Persönlichkeitsbezogenes Verhalten

❑ **Selbstkontrolle - Fähigkeit, den Körper, die Sprache und den Geist zu kontrollieren**

Größerer Anteil: *Fallschirm-Basketball, Herausforderung, Maulwurf, Raketenstart, Raus aus der Pfanne, rein in die Pfanne!, Schatzjagd.*

Geringerer Anteil: *Abheben, Balance, Das haben wir im Sack!, Drachenflug, Einhüllen, Entwischen, Fallschirm-Schieben, Fallschirm-Volleyball, Fliegender Pilz, Flutwelle, Geisterfahrer, Geisterstadt, Hase und Hund, Herz-Rasen, Iglu, Pony-Expreß, Popcorn, Popcornschlacht, Räuber und Gendarm, Schaukelstuhl, Schlangenbiß, Tauziehen im Kreis, Traktor-Rennen, Umgehungsstraße, Urknall, Vogel Strauß, Wellenbad, Welle machen, Wellenreiten, Wer hat da geguckt?, Zahnradgetriebe.*

❑ **Kreativität - Erfindungsreichtum**

Größerer Anteil: *Skulptur.*

Geringerer Anteil: *Einhüllen, Fallschirm-Ritt, Herausforderung, Herz-Rasen, Umstülpen, Wellenbad.*

❑ **Spontaneität - improvisierte Handlungen ohne ausdrückliche Anweisungen**

Größerer Anteil: *Alligator, Entwischen, Hai, Skulptur, Umstülpen, Wer hat da geguckt?*

Geringerer Anteil: *Einhüllen, Fallschirm aufpusten, Maulwurf, Popcorn, Popcornschlacht, Qualles Ausflug, Raus aus der Pfanne, rein in die Pfanne!, Tausendfüßler, Wellenbad.*

❑ **Pantomime (Gestik und Mimik) - Ausdruck durch Bewegung**

Größerer Anteil: *Alligator, Hai.*

Geringerer Anteil: *Das haben wir im Sack!, Entwischen, Räuber und Gendarm.*

Fähigkeiten der Wahrnehmung und körperliche Eigenschaften

❑ **Sehvermögen - Beobachtung und periphere Wahrnehmung**

Größerer Anteil: *Entwischen, Fallschirm-Basketball, Geisterstadt, Hase und Hund, Herz-Rasen, Katz' und Maus, Maulwurf, Raketenstart, Räuber und Gendarm, Raus aus der Pfanne, rein in die Pfanne!, Schatzjagd, Tauziehen im Kreis, Wellenreiten, Wer hat da geguckt?*

Geringerer Anteil: *Abheben, Balance, Bergsteigen, Das haben wir im Sack!, Drachenflug, Fallschirm-Golf, Fliegender Pilz, Flutwelle, Geisterfahrer, Herausforderung, Herzschlag, Iglu, Jumbo-Pilz, Pilz, Pony-Expreß, Popcorn, Popcornschlacht, Schlangenbiß, Tausendfüßler, Umgehungsstraße, Wellenbad, Zahnradgetriebe.*

❏ **Geschicklichkeit und Koordinierung - komplexe Körperbewegungen**
Größerer Anteil: *Iglu, Maulwurf, Pony-Expreß, Schatzjagd.*
Geringerer Anteil: *Das haben wir im Sack!, Entwischen, Fallschirm-Basketball, Fallschirm-Schieben, Geisterstadt, Herausforderung, Raketenstart, Raus aus der Pfanne, rein in die Pfanne!, Schaukelstuhl, Tauziehen im Kreis, Traktor-Rennen, Vogel Strauß, Wer hat da geguckt?*

❏ **Reaktionsvermögen - schnelle körperliche Reaktion**
Größerer Anteil: *Bergsteigen, Drachenflug, Fallschirm-Schieben, Fliegender Pilz, Geisterstadt, Herausforderung, Katz' und Maus, Maulwurf, Popcornschlacht, Räuber und Gendarm, Raus aus der Pfanne, rein in die Pfanne!, Schatzjagd, Traktor-Rennen, Wellenreiten, Wer hat da geguckt?*
Geringerer Anteil: *Abwickeln, Fallschirm-Basketball, Geisterfahrer, Hase und Hund, Pony-Expreß, Popcorn, Raketenstart, Riesenwelle, Schlangenbiß, Urknall.*

❏ **Geschwindigkeit - Schnelligkeit beim Rennen**
Größerer Anteil: *Herz-Rasen, Karussellrekord, Räuber und Gendarm.*
Geringerer Anteil: *Fallschirm-Basketball, Herausforderung, Pony-Expreß, Schatzjagd, Umgehungsstraße.*

❏ **Kraft - Oberkörper, Arme**
Größerer Anteil: *Abheben, Fallschirm-Ritt, Hase und Hund, Herz-Rasen, Herzschlag, Meeresbrise, Raus aus der Pfanne, rein in die Pfanne!, Schlangenbiß, Welle machen, Wellenbad.*
Geringerer Anteil: *Alligator, Drachenflug, Fallschirm-Golf, Fallschirm-Volleyball, Fliegender Pilz, Flutwelle, Geisterfahrer, Geisterstadt, Jumbo-Pilz, Pilz, Popcorn, Popcornschlacht, Riesenwelle, Sit-ups im Kreis, Tauziehen im Kreis, Urknall, Wellenreiten.*

❑   **Ausdauer**

Größerer Anteil: *Drachenflug, Meeresbrise, Popcorn, Qualles Ausflug, Umgehungsstraße, Welle machen, Wellenbad.*
Geringerer Anteil: *Hase und Hund, Karussell (gehen, rennen), Karussellrekord, Popcornschlacht, Raus aus der Pfanne, rein in die Pfanne!, Schlangenbiß.*

Motorische Grundfähigkeiten

❑   **Gehen**

Größerer Anteil: *Karussell (gehen, rennen), Tauziehen im Kreis, Zahnradgetriebe.*
Geringerer Anteil: *Abwickeln, Drunter und drüber, Hai, Tausendfüßler.*

❑   **Rennen**

Größerer Anteil: *Drachenflug, Karussellrekord, Qualles Ausflug, Räuber und Gendarm, Umgehungsstraße.*
Geringerer Anteil: *Fallschirm-Basketball, Herausforderung, Herz-Rasen, Schatzjagd.*

❑   **Springen**

Größerer Anteil: *Karussell (gehen, rennen), Karussellrekord.*
Geringerer Anteil: *Entwischen, Fallschirm-Basketball, Raketenstart.*

❑   **Balancieren**

Größerer Anteil: *Balance.*
Geringerer Anteil: *Pony-Expreß, Skulptur.*

❑   **Sich Bücken**

Größerer Anteil: *Katz' und Maus, Pony-Expreß.*
Geringerer Anteil: *Alligator, Räuber und Gendarm.*

❑   **Kriechen - auf Händen und Knien, auf dem Bauch**

Größerer Anteil: *Alligator, Katz' und Maus, Maulwurf, Pony-Expreß, Wellenbad.*
Geringerer Anteil: *Bergsteigen, Entwischen, Raus aus der Pfanne, rein in die Pfanne!*

❏   **Hüpfen - auf einem Bein**
Größerer Anteil: *Karussell (gehen, rennen), Karussellrekord.*
Geringerer Anteil: *Herausforderung.*

❏   **Werfen/Fangen**
Größerer Anteil: *Entwischen, Fallschirm-Basketball, Maulwurf, Raketenstart, Raus aus der Pfanne, rein in die Pfanne!*
Geringerer Anteil: *Popcorn.*

Kapitel Drei:
Kauf, Wartung und Pflege eines Fallschirms

Wo Ihr Euren Fallschirm bekommt

Die üblichen Bezugsquellen für Fallschirme sind Sportausrüstungsfirmen und Hersteller von pädagogischen Spielmaterialien. Sie verkaufen bunte Spielfallschirme aus roten, gelben, grünen und blauen Stoffbahnen und in der Regel findet sich über dem Loch in der Mitte ein Netz. Im Anhang (Kapitel 4) haben wir für Euch eine Liste mit den Adressen von entsprechenden Firmen und Herstellern zusammengestellt. Je nach Durchmesser und Qualität liegen die Preise zwischen DM 250,- und 800,-.

Möglicherweise könnt Ihr einen gebrauchten, runden Fallschirm vom ortsansässigen Fallschirmspringerclub bekommen (trotz der Entwicklung der rechteckigen Fallschirme haben einige Clubs noch alte, runde Fallschirme gelagert, die sie gerne und preisgünstig abgeben). Es lohnt sich auch in Army-Läden nachzufragen oder bei der VEBEG, der Verwaltungsgesellschaft für Bundeswehrartikel (Adresse s. Anhang). Die VEBEG verkauft gebrauchte, weiße und olivfarbene Fallschirme an Schulen und Behinderteneinrichtungen. Die Preise sind sehr günstig, allerdings kommt Ihr auf eine Warteliste, und es dauert z.T. sehr lange, bis Ihr einen Fallschirm bekommt.

Eine bemerkenswerte Bezugsquelle für Fallschirme bietet die Arbeitsgemeinschaft SOS Rassismus in Nordrhein-Westfalen (Adresse s. Anhang). Die AG hat Kontakte und besorgt Spiel- und Deko-Fallschirme aus Kunstseide, die von kurdischen und iranischen Flüchtlingsfrauen hergestellt werden. Der Preis liegt bei DM 250,- (7 Meter Durchmesser).

Größe und Stärke des Fallschirms

Die Größe der Fallschirme variiert normalerweise von 2 m bis 9 m (inklusive 4 m, 6 m und 8 m). Das Material ist meistens reißfestes Nylon, das doppelt genäht ist. Die meisten Firmen bieten eine Ein-Jahres-Garantie gegen Risse und Löcher an, die beim normalen Gebrauch entstehen. Am besten kann man die Stärke des Materials nach dessen Gewicht pro Quadratmeter beurteilen. Die Dicke des Nylons wird durch die Bezeichnung "Denier" angegeben. Je höher die Denierzahl, desto dicker und daher stärker ist das Material.

Die meisten Firmen bieten auch Fallschirme mit Griffen an. Diese Griffe erleichtern es zwar, den Rand des Fallschirms festzuhalten, doch sie begrenzen auch die Anzahl der Spieler. Auch wenn die Griffe gut angenäht sind, sind sie unserer Erfahrung nach häufig das erste, was kaputtgeht bzw. abreißt.

Wie Ihr Euren Fallschirm repariert

Wenn Euer Fallschirm reißt und die Garantie abgelaufen ist, könnt Ihr ihn entweder selbst nähen - mit einer Maschine, per Hand ist es zu mühsam - oder Ihr repariert die Risse mit dehnbarem Stoffklebeband. Es empfiehlt sich, das spezielle Fallschirmstoffklebeband zu verwenden, das Ihr im Handel bekommt. Es ist genauso widerstandsfähig wie Stoffklebeband, aber leichter, und Ihr bekommt es in der Farbe des jeweiligen Fallschirms.
Natürlich könnt Ihr auch den Reparaturservice der Bezugsfirmen in Anspruch nehmen, oder Ihr geht zu einer Schneiderei oder einem Segelmacher.

Wie Ihr Euren Fallschirm reinigt

Es ist möglich und manchmal auch notwendig, Fallschirme zu reinigen, vor allem, wenn man damit draußen spielt. Ihr solltet den Fallschirm nur in einer Waschmaschine waschen, die wirklich groß genug dafür ist. Für einen großen Fallschirm braucht man eine Industriewaschmaschine. Heißes Wasser könnte möglicherweise die Fäden der Nähte einlaufen lassen und bewirken, daß das Nylon knittrig wird und merkwürdig aussieht.
Aus diesem Grund solltet Ihr den Fallschirm auch nicht in den Trockner geben. Ein Trockner mit hohen Temperaturen könnte sogar das Nylon zum Schmelzen bringen. Fallschirme trocknen schnell, wenn man sie bei mildem Wetter draußen auf die Leine hängt oder auf dem Rasen ausbreitet.

Wie Ihr Euren Fallschirm noch schöner macht

Wenn Ihr beabsichtigt, mit Eurem Fallschirm zu spielen, dann werdet Ihr ihn wahrscheinlich nicht bemalen wollen. Die Farbe sorgt für zusätzliches Gewicht und blättert schnell ab. Dennoch ist es mit Hilfe von Schablonen und Sprühfarben (oder vielleicht mit Siebdruck) leicht, auf Eurem Fallschirm Wörter oder Muster zur Verzierung anzubringen. Mehr Möglichkeiten habt Ihr, wenn Ihr Euren Fallschirm vorwiegend als Dekoration benutzt wollt.

Stoff- und Acrylfarben lassen sich für Fallschirme gut verwenden. Diese sind in Heimwerkerläden und Geschäften für Künstlerbedarf erhältlich. Acrylfarben neigen dazu zu verlaufen. Das kann großartige Effekte ergeben.

Wie Ihr mit Eurem Fallschirm (und Euren Fallschirm-spielern) vorsichtig umgeht

Bewahrt Euren Fallschirm in einem dafür vorgesehenen Sack an einem warmen und trockenen Ort auf. Kälte und Feuchtigkeit führen zu Schimmelbildung. Wenn der Fallschirm in einem passenden Sack aufbewahrt wird, bleibt er auch vor Schmutz, Fett- oder Ölflecken geschützt.

Fallschirme sind nicht dazu geeignet, aufgerollt und dann zum Tau-ziehen benutzt zu werden. Unser Spiel "Tauziehen im Kreis" könnt Ihr dennoch spielen, weil hier die Belastung nicht punktuell ist bzw. gleichmäßig auf den ganzen Fallschirm verteilt wird.

Fallschirme sind auch nicht gemacht, um damit Leute in die Luft zu werfen. Dieses Spiel bedeutet ein Risiko für den Spieler, der hoch-gehoben wird, und ein Risiko für das Material des Fallschirms. Zudem verweigern die meisten Hersteller auch die Garantieleistung, wenn durch dieses Spiel bzw. durch unsachgemäße Handhabung, Risse, Löcher o.ä. entstehen.

Kapitel Vier:
Anhang

Literaturhinweise

AOL/Arbeitsgruppe Oberkircher Lehrmittel (Hg.):
Schulspaß und Schulspiele.
Handbuch zum Schulalltag. Bd. II, Rowohlt Verlag,
21465 Reinbeck [6]1991, kostet DM 19,80 mit Spiel- und Sportideen
für Ausflüge, Kollegium, Eltern, Vertretungsstunden, Pausenspiele,
Spielutensilien selbstgebaut, Fallschirm- und Erdballspiele.

Baer, Ulrich:
500 Spiele für jede Gruppe und alle Situationen.
Spielbeschreibungen aus der Datenbank. DATA-SPIEL der Akademie
Remscheid 1988/1990. Bezug: Robin-Hood-Versand,
Küppelstein 36, 42857 Remscheid.
Mit gut und knapp formulierten Auswahlsammlungen für
Einsatzsituationen und genauen Spielbeschreibungen. Für DM 12,80
die preiswerteste und duchdachteste Spielesammlung am Markt.

Breucker-Rubin, Annette:
Da ist der Bär los...
Mit-Spiel-Aktion für kleine und große Leute. Ökotopia-Verlag, 48155
Münster 1990. Mit 11 vielseitigen Mitspiel-Aktionen zu Urwald,
Hexennacht, Meer und vieles mehr.

Brinckmann, Andreas / Treeß, Uwe:
Bewegungsspiele.
Rowohlt Verlag, 21465 Reinbek 1980. Gute methodisch-
pädagogische Ratschläge.

Mihaly Csikszentmihalyi:
Flow.
Das Geheimnis des Glücks.
Klett-Cotta, 70178 Stuttgart 1992.
Das Flow-Erlebnis.
Jenseits von Angst und Langeweile. Im Tun aufgehen.
Klett-Cotta, 70178 Stuttgart [4]1992.

Literaturhinweise

Dietrich, Jochen:
Ein Anfang vor dem Anfang.
In: ZS Sportpädagogik 6/89, Friedrich Verlag, Velber, 30926 Seelze.
Bericht zur ersten Sportstunde von Grundschülern mit dem
Fallschirm als Abschluß.

Fluegelman, Andrew/ Tembeck, Shoshana:
New Games Bd. I und II.
Verlag an der Ruhr [7]1991. Mit animierendem Fotomaterial und
Texten, die den Ursprung der Spielfestbewegung beschreiben und
wohl auch für den Bekanntheitsgrad der Fallschirm- /
Erdballspiele sorgten. Der Klassiker der New Games.
Verlag an der Ruhr, Alexanderstr. 54, 45472 Mülheim/Ruhr.

Geißler, Uli:
Tausendfüßlers Taschentuch.
Spiele mit Seilen und Tüchern.
Ökotopia-Verlag, 48155 Münster 1990, u.a. mit 60 Tuch- und
einigen Fallschirmspielen, sowie Kordel- und Seilspiele.

LeFevre, Dale:
Das kleine Buch der neuen Spiele.
Verlag an der Ruhr, Alexanderstr. 54, 45472 Mülheim/Ruhr 1991.

Orlick, Terry:
Kooperative Spiele.
Herausforderung ohne Konkurrenz, Beltz Verlag,
69496 Weinheim [4]1991.
Neue kooperative Spiele.
Mehr als 200 konkurrenzfreie Spiele für Kinder und Erwachsene,
Beltz Verlag, 69469 Weinheim [2]1990.

Literaturhinweise

Rabenstein, Reinhold / Reichel, René:
Großgruppen-Animation 1982.
Bezug über Puppen und Masken, Eppsteiner Straße 22, 60323
Frankfurt, Telefon: 0611/722083 oder Robin-Hood-Versand,
Küppelstein 36, 42857 Remscheid, Telefon: 02191/ 794242.

Reichel, Gusti / Rabenstein, Reinhold / Thanhoffer, Michael:
Bewegung für die Gruppe.
AGB Arbeitsgemeinschaft für Gruppenberatung, Hofmannstraße 14,
A-4040 Linz 1982. Bezug über Robin-Hood-Versand,
Küppelstein 36, 42857 Remscheid, Telefon: 02191/ 794242.

Scherler, Karlheinz:
Spielen mit dem Schwungtuch.
in: ZS Sportpädagogik 3/81, Friedrich Verlag, Velber, 30926 Seelze.
Seite 24, kurze Fotoreportage, Unterrichtsideen.

Treeß, Uwe:
Geräte als Requisiten.
Bewegungs-Spiele als auch nachgespielte Fernsehabenteuer, in:
ZS Sportpädagogik 1/85, Friedrich Verlag, Velber, 30926 Seelze. Mit
3 Abenteuersituationen für 8. bis 10. Klasse unter Benutzung von
Fallschirm, Schwungtuch, Tau usw.

Bezugsquellen für Fallschirme

AG SOS Rassismus
NRW, Haus Villigst,
58239 Schwerte
Telefon: 02304-755190

Autoflug GmbH & Co.
25462 Rellingen
Telefon: 04101-300-0

Benz, G.
Turngerätefabrik
Grüninger Straße 1-3
71364 Winnenden
Telefon: 071945-69050

Braunschweiger Turngeräte
Hildesheimer Straße 27
38114 Braunschweig
Telefon: 0531-55035

Fallschirmdepot
Ostermünchner GmbH
Tölzer Str. 14
83677 Greiling
Telefon: 08041-70319
Telefax: 08041-3171

Fallschirmservice Albatros
Iris & Günther Stöckler
Sonnenhang 1
88299 Leutkirch
Telefon: 07561-7992

Firma Karl H. Schäfer GmbH
Psychomotorische Übungsgeräte
Großer Kamp 6-8
32791 Lage
Telefon: 05232-65982

Firma Sport-Thieme GmbH
Helmstedter Straße 40
38368 Grasleben
Telefon: 05357-18181
Telefax: 05357-18190

Heinrich Mertens
Auf der Weiste 4
58802 Balve
Telefon: 02375-5874
Telefax: 02375-4966

Lehrmittel-Service
Heinz Späth
Ditzenbacher Straße 26
73342 Bad Ditzenbach

LTB Schlemann GmbH
Ostweg 20
26135 Oldenburg
Telefon: 0441-204224
Telefax: 0441-201990

Müsse
Werkzeugstraße 27
58093 Hagen
Telefon: 02331-60061

Parachutes of Germany
Fallschirm-Service Herbst KG
Lempenseite 56
69168 Wiesloch
Telefon: 06222-51833
Telefax: 06222 2596

Bezugsquellen für Fallschirme

Rüsthaus St. Georg
Holzheim
Martinstraße 2
41472 Neuss
Telefon: 02131-469941
Telefax: 02131-469999

Sportco-Corts & Trapp
Im Langenstück 6
58093 Hagen

Sport Ehrhard
Postfach 11 63
91533 Rothenburg o.d. Tauber
Telefon: 09861-4060

Turn- und Sportgeräte
Stennesufer 16
58099 Hagen

VEBEG
Verwaltungsgesellschaft für
Bundeswehrartikel
Günderrodestraße
60327 Frankfurt/M.
Textilabteilung
Telefon: 060-2380555

Alphabetisches Verzeichnis der Spiele

Abheben (70)

Abwickeln (71)

Alligator (64)

Balance (51)

Bergsteigen (20)

Das haben wir im Sack! (75)

Drachenflug (60)

Drunter und drüber (48)

Einhüllen (58)

Entwischen (46)

Fallschirm aufpusten (33)

Fallschirm-Basketball (42)

Fallschirm-Golf (28)

Fallschirm-Ritt (72)

Fallschirm-Schieben (36)

Fallschirm-Volleyball (37)

Fliegender Pilz (23)

Flutwelle (55)

Geisterfahrer (50)

Geisterstadt (68)

Großreinemachen (43)

Hai (63)

Hase und Hund (30)

Herausforderung (39)

Herz-Rasen (16)

Herzschlag (15)

Iglu (13)

Jumbo-Pilz (11)

Karussell gehen (53)

Karussell rennen (53)

Karussellrekord (54)

Katz' und Maus (18)

Maulwurf (66)

Meeresbrise (73)

Pilz (10)

Pony-Express (44)

Popcorn (25)

Popcornschlacht (29)

Qualles Ausflug (57)

Raketenstart (41)

Räuber und Gendarm (65)

Raus aus der Pfanne,
rein in die Pfanne! (38)

Riesenwelle (24)

Schatzjagd (59)

Schaukelstuhl (14)

Schlangenbiß (27)

Sit-ups im Kreis (56)

Skulptur (67)

Tausendfüßler (34)

Tauziehen im Kreis (35)

Traktor-Rennen (21)

Umgehungsstraße (61)

Umstülpen (47)

Urknall (26)

Vogel Strauß (31)

Wackelpudding (69)

Welle machen (9)

Wellenbad (74)

Wellenreiten (52)

Wer hat da geguckt? (32)

Zahnradgetriebe (62)

Auf die Natur hören

Joseph Cornell
96 S., , Pb., viele vierfarbige Fotos, 24,80 DM
Best.-Nr. 0973

Ein besinnliches, sensibles und trotzdem lebendiges Buch, das Zugänge zu einem tieferen Naturbewußtsein öffnet. Mit abstrakten Zahlen und theoretischem Wissen kann man Natur allenfalls verwalten. Joseph Cornell hilft, die Wege zur Natur wiederzuentdecken. Mit meditativen Aphorismen und Zitaten stimmt er für die Reise ein, die wunderschönen Naturfotografien von John Henderson machen neugierig, Anregungen für Beobachtungen und Aktivitäten draußen öffnen alle Sinne für neue Erfahrungen. So entsteht ein Erlebnisbuch für 31 Tage (z.B. einen Urlaub) für jeden, der alleine oder in der Gruppe der Natur näherkommen, sie erfahren und verstehen möchte. Zum Anschauen, Mitmachen, Verschenken. Für den Urlaub und zu Hause.

Mit Freude die Natur erleben

Joseph Cornell
168 S., A5, Pb., 19,80 DM
Best.-Nr. 0978

Das Grundlagenbuch zur spielerischen Naturerlebnispädagogik. Hier hat Cornell seine Erfahrungen aus Hunderten von Seminaren systematisiert, gibt Tips, wie man Naturerlebnistage (auch unter schwierigen Bedingungen) organisiert, erklärt, wie man die Abfolge der Spiele plant, und präsentiert natürlich eine Menge neuer Spiele in und um die Natur. Im Anhang finden Sie auch das Gesamtregister aller Spiele aus beiden Cornell-Erlebnisbüchern.
Aus dem Inhalt:
Mit dem Herzen lernen; Flow-Learning; Aktivitäten in der Natur: Tierarten, Baumbauen, Naturbingo, Geräusche-Landkarte, Barfußwanderung, Phantasiereise, Kameraspiel u.v.m.; Flow-Learning-Veranstaltung; Das Beste bei anderen herausbringen.

Mit Kindern die Natur erleben

Joseph Cornell
152 S., Pb., viele Fotos, 16,80 DM
Best.-Nr. 0997

Wer zusammen mit Kindern in unmittelbaren Kontakt mit der Natur kommen möchte, der findet in diesem Buch Anregung und Anleitung. Die Spiele wecken Intuition und Gefühl für die Natur, aber auch Verständnis für die ökologischen Zusammenhänge. Spie-lerisch entwickeln die Kinder so Liebe und Respekt für ihre natürliche Umgebung.

New Games
Die neuen Spiele

☐ Andrew Fluegelmann,
New Games, Band 1
192 S., Pb., 250 Fotos, 35,- DM
Best.-Nr. 2000

☐ Andrew Fluegelmann, Shoshana Tembeck,
New Games, Band 2
192 S., Pb., 230 Fotos, 35,- DM
Best.-Nr. 2001

Je Band 60 neue Spiele für jedes Alter von 3-99 gegen den Schul-Frust, gegen Aggression und Gewalt und für ein konstruktives Ausleben der eigenen Energien, für ein spielerisches Kräftemessen und ein lustvolles Miteinander-Umgehen. Spiele für zwei bis zweihundert, für die ganze Familie und für den ganzen Tag, Rezepte für ein Spielfest und dafür, wie man Spiele spielend leitet.

Fitness-Training ohne Trott

Peter Naunheim
250 S., A4, Pb.,
42,00 DM
Best.-Nr. 2229

Mit Sonnenschirmständern eisstockschießen, mit Fahrradschläuchen rudern oder mit alten Plastikflaschen die Muskeln trainieren – Fitness-Freaks und alle, die es werden wollen, werden hier schnell fündig.
700 Basisübungen für ein abwechslungsreiches Erwärmungs- und Konditionstraining werden einfach und verständlich(!) beschrieben und illustriert. Alles ist so aufgebaut, daß Sie sich schnell eine eigene Übungkartei zusammenstellen können. Bewährte Klassiker finden sich ebenso wie wenig bekannte oder ganz neue Übungsformen. Infos zu Sportgeräten und Trainingsabläufen sowie spezielle Trainingsprogramme runden die Sammlung ab. Ein umfassendes Nachschlagewerk für Profis, die die Gefahr der Langeweile beim Training kennen, und ein guter Einstieg für sportliche Amateure.

Das kleine Buch der neuen Spiele

Dale LeFevre
132 S., A5, Pb., viele Fotos, 16,80 DM
Best.-Nr. 2004

Wie Energie von mir ausgeht, so kommt sie zurück. Mit dieser Grundhaltung bereist der Autor die ganze Welt und bringt mit seinen „Neuen Spielen" Katholiken und Protestanten in Irland, Palästinenser und Juden in Israel, Schwarze und Weiße, Alte und Junge zusammen. Über 30 Spiele ohne Sieger, viele Hinweise für SpielleiterInnen und ausführliche Spielbeschreibungen.

Die hier vorgestellten Bücher sind nur ein Teil unseres Gesamtprogramms. Fordern Sie unseren Gesamtkatalog an.

Verlag an der Ruhr, Postfach 10 22 51
45422 Mülheim an der Ruhr
Alexanderstraße 54
45472 Mülheim an der Ruhr
Tel.: 0208/49 50 40
Fax: 0208/495 0 495

Ausrüstungsprofi
für Jugendgruppen

Zelte • Rucksäcke • Schlafsäcke • Lampen • Transportkisten • Großkocher • Töpfe • pädagogische Literatur • Seile • u.v.a.m.

- kostenloser Katalog -

Rüsthaus Sankt Georg

Martinstr. 2, 41472 Neuss (Holzheim)
Tel. 0 21 31/46 99 41 • Fax 0 21 31/46 99 99

Fallschirmspiele:
Spaß mit Schwung

Fallschirme, Erdballspiele und viele andere, interessante Ideen finden Sie in unseren neuen SPORT-THIEME Katalogen.
Fordern Sie einfach Ihr kostenloses, persönliches Exemplar an.

Kennwort: Fallschirmspiele
Postfach 320   Tel.: 0 53 57/ 1 81 81
38365 Grasleben   Fax: 0 53 57/ 1 81 90